O
FILHO
RICO

O FILHO RICO

11 lições para a riqueza e o sucesso

FELIPE MIRANDA
com
RICARDO MIOTO

intrínseca

Copyright © 2022 by Felipe Miranda e Ricardo Mioto

CHARGES
André Dahmer

REVISÃO
Rayana Faria
Thayná de Barros Pessanha

PROJETO GRÁFICO E DIAGRAMAÇÃO
Anderson Junqueira

CIP-BRASIL. CATALOGAÇÃO NA PUBLICAÇÃO
SINDICATO NACIONAL DOS EDITORES DE LIVROS, RJ

M642f
    Miranda, Felipe, 1985-
       O filho rico : 11 passos para a riqueza e o sucesso /
    Felipe Miranda, [Ricardo Mioto]. - 1. ed. - Rio de Janeiro :
    Intrínseca, 2022.
      208 p. ; 21 cm.

    ISBN 978-65-5560-544-0
    1. Educação financeira. 2. Finanças pessoais. I. Mioto,
    Ricardo. II. Título.

22-76766   CDD: 332.024
          CDU: 330.567.22

Gabriela Faray Ferreira Lopes - Bibliotecária - CRB-7/6643
09/03/2022   11/03/2022

[2022]
Todos os direitos desta edição reservados à
Editora Intrínseca Ltda.
Rua Marquês de São Vicente, 99, 6º andar
22451-041 – Gávea
Rio de Janeiro – RJ
Tel./Fax: (21) 3206-7400
www.intrinseca.com.br

SUMÁRIO

DUAS CARTAS COMO INTRODUÇÃO
6

1 ENTREGUE-SE À BUSCA
14

2 TOME CUIDADO COM A ESCRAVIDÃO
30

3 COMECE A COMPRAR AÇÕES O QUANTO ANTES
50

4 ACERTE 54% DAS VEZES
68

5 ASSUMA A RESPONSABILIDADE
88

6 CORRA RISCOS ENQUANTO É TEMPO
106

7 NÃO SUPERESTIME A ESCOLA
124

8 SEJA MAIS BURRO QUE AS PESSOAS AO REDOR
134

9 ACREDITE NAS SUAS INTUIÇÕES
154

10 ELOGIE
164

11 TENHA UMA NOTA ALTA NO UBER
180

CONCLUSÃO
194

REFERÊNCIAS
203

DUAS CARTAS COMO INTRODUÇÃO

Queridos João, Maria e Gabriel,

Os italianos têm uma palavra maravilhosa: "umarell."

Significa "pessoa que passa o dia dando palpites não solicitados em canteiros de obras." O sujeito fica ali do lado, sugerindo que uma viga poderia estar mais à direita ou coisas do gênero. Umarell que é umarell dá opinião em qualquer construção, de puxadinho a hidrelétrica, mas há uma predileção por obras públicas urbanas, onde o pitaco ganha ares de cidadania.

O termo é originário do dialeto de Bolonha, uma cidade do norte do país, mas há umarell na Itália inteira. Chamar alguém de umarell costumava ser pejorativo. Nos últimos dez anos, porém, surgiu um orgulho umarell.

Uma cidade chamada San Lazzaro di Savena resolveu dar o prêmio de Umarell do Ano a quem tivesse especial desempenho na atividade. Um desenvolvedor criou um aplicativo chamado Umarells para indicar a localização de canteiros de obra perto do usuário. Uma construtora do sul do país começou a inserir áreas de observação em suas obras, de forma que os umarells pudessem desfrutar de mais conforto. Bolonha construiu uma Praça dos Umarells, cuja inauguração contou com a presença do prefeito, do governador e de um tal de Franco Bonini, o "lorde dos umarells", um sujeito que os operários da região conhecem muito mais do que gostariam.

Os umarells de cada cidade são amigos. Às vezes discordam sobre o uso do concreto armado ou outras questões eminentes da construção civil contemporânea, mas nada que prejudique seu senso de comunidade. Sim, a Itália é um lugar peculiar.

Por que de repente ser umarell deixou de ser constrangedor e ficou *cool*, quase parte da identidade italiana?

Porque ser umarell se tornou símbolo da boa vida do mediterrâneo: passar os dias fazendo algo de que se gosta (e quem há de questionar os interesses alheios?) em meio a amigos e sem maiores preocupações financeiras. Umarell é paz de espírito.

E essa paz de espírito é raríssima no mundo.

Conforme vocês forem crescendo, perceberão que o que tira o sono da grande maioria dos adultos é a necessidade e o desejo de ganhar mais dinheiro. Um escritor disse que o dinheiro compra tudo, até amor verdadeiro. Era um exagero, claro. Mas o dinheiro resolve todos os nossos problemas financeiros. Isso já é muita coisa.

A maior parte das pessoas passa a vida:

1› vivendo apertada com dinheiro, fazendo contas o tempo todo, e/ou;

2› trabalhando com algo que odeia, sofrendo por antecipação nos domingos à noite.

Bem poucas pessoas conseguem fugir dessa armadilha.

No momento em que escrevo, João tem dez anos. Maria tem apenas um aninho. Gabriel está na barriga da mãe. Ainda são muito novos. Levarão vários anos para ler este livro e compreendê-lo em sua totalidade. Mas aos poucos vão começar a perceber que nem todos os adultos são iguais. Alguns estão se divertindo, mas a maioria só vê os dias passarem enquanto pagam as contas.

Eu quero muito ajudar vocês a estar no grupo dos que se divertem, dos que não se preocupam com dinheiro, dos que se sentem realizados, dos que tiveram sucesso profissional.

Este livro é a carta que eu gostaria de ter recebido anos atrás. Passei por muita coisa até aprender o que descrevo nestas páginas. E me sinto feliz porque, quando eu não estiver mais aqui, este livro estará.

Querido leitor,

Comecei este livro com a ideia de compartilhar com meus filhos, João, Maria e Gabriel, meus conhecimentos sobre finanças e sucesso pessoal. No entanto, no decorrer da escrita, entendi que o que eu tinha a dizer poderia interessar a muito mais pessoas — pelo menos, a todas que desejam melhorar sua jornada neste mundo. Afinal, eu e meus sócios seguimos os 11 passos aqui descritos ao longo da história das nossas empresas. Aprendemos aos trancos, por tentativa e erro. Este guia poupará o seu tempo.

Começamos do nada, sem dinheiro, sem nome, sem pais ricos, sem ninguém que botasse muita confiança em que aquilo daria certo. Nosso primeiro escritório era uma casa velha emprestada, cheia de goteiras, e o primeiro ativo incorporado ao patrimônio da nossa empresa foi um rodo que o Rodolfo, meu sócio, comprou.

Passamos bastante tempo no limiar do fracasso, muito perto de quebrar. Levamos cerca de cinco anos para começar a dar certo. Hoje, a Empiricus, uma empresa de recomendações de investimentos, tem mais de 400 mil clientes. A Vitreo, que é uma plataforma de investimentos na qual os clientes podem aplicar dinheiro diretamente, conta com mais de 13 bilhões de reais que nos foram confiados por eles.

Em 2021, nossa empresa foi incorporada pelo BTG Pactual, o principal banco de investimentos do Brasil, do qual passei a ser sócio, algo que considero uma das maiores honras que alguém no mercado financeiro brasileiro pode alcançar.

O que fez funcionar? Por que nossa vida profissional prosperou?

Ao longo da vida, você vai escutar com muita frequência que o sucesso é fruto de uma destas três coisas:

1 › herança;
2 › inteligência e talento;
3 › sonhar alto.

Não acredite em nada disso.

É lógico que é mais fácil para quem já é rico, mas esse não era o nosso caso. Essa opção não estava disponível. Desde o meu primeiro salário, eu ajudo a minha mãe, não o contrário. Meu pai faliu quando eu era adolescente e infelizmente adoeceu e partiu quando eu estava na faculdade. Este é um livro sobre criação de riqueza, não sobre herança.

Tenha muito cuidado com a afirmação de que sucesso financeiro é resultado de ser muito inteligente e talentoso.

Sem dúvida isso ajuda, mas não garante: eu poderia fazer uma lista bem longa de pessoas de famílias simples que se tornaram ricas, mas faria uma lista *ainda maior* de pessoas bastante inteligentes que não chegaram tão longe.

Eu tinha colegas geniais na escola e na faculdade que ficaram muito aquém das grandes expectativas que todos tinham para eles. O mundo está repleto de potencial desperdiçado.

Embora eu sempre tenha sido bom aluno, não me acho um cara naturalmente brilhante. Pelo contrário: muitas vezes tive dúvida e questionei se realmente tinha condições de melhorar de vida.

O que descobri, porém, é que ser genial não é o mais importante para ter sucesso. Como disse Warren Buffett, se você tem um QI de 160 pontos, venda 30 para alguém, porque isso não é fundamental.

O que é fundamental, então? O que faltou para os gênios que não tiveram sucesso?

O fundamental é ter a mentalidade certa. Ou seja, conduzir a vida tendo em mente os princípios certos.

É aí que mora o perigo.

Nos últimos anos, falar de mentalidade entrou na moda, mas quase sempre como a repetição de uma grande mentira.

Você vai ouvir muito esta recomendação: siga seus sonhos. Mire alto e insista até dar certo. Esta é a terceira justificativa que você verá sempre associada ao sucesso: as pessoas prosperam porque têm a mentalidade de "sonho grande." Ao longo dos próximos capítulos, explicarei por que isso não é verdade. Vou sugerir uma mentalidade alternativa a essa.

Meu passo a passo se resume a 11 diferentes valores que se relacionam entre si. Estou muito convencido de que qualquer pessoa, de qualquer origem, pode utilizar esses 11 valores para aumentar muito sua chance de ter sucesso.

Por que estou tão convicto?

Porque não se trata apenas da minha história pessoal e dos meus sócios.

A minha posição profissional é privilegiada. Ela me permite conhecer muitas pessoas bem-sucedidas, pois alguns dos clientes de uma empresa de investimentos como a Empiricus são bastante ricos: donos de empresas industriais e de comércio, líderes do agronegócio, executivos de alto escalão.

Além disso, os melhores profissionais do mercado financeiro são meus pares, pessoas com quem estou sempre em contato. Por fim, há os empresários ou executivos das empresas de capital aberto que analisamos em nossos relatórios.

Quando estou com essas pessoas, tento ouvir mais do que falar. É inevitável: o assunto muitas vezes é dinheiro. Busco entender sua visão de mundo. Ao longo dos anos, fiquei mais e mais impressionado: os discursos se repetem, os princípios são muitas vezes idênticos.

É um tanto injusto que essa sabedoria sobre finanças e sucesso profissional fique restrita a tão poucas pessoas. Certamente esses homens e mulheres ricos transmitem seus valores para os filhos, como eu busco fazer aqui. Mas e quem não tem as mesmas chances?

Esse é o motivo pelo qual decidi transformar essa conversa de pai para filhos em um livro disponível a todos. É uma forma de ajudar não apenas meus dois filhos, mas de espalhar essas lições sobre a construção de riqueza para muito mais pessoas. Infelizmente, nada disso é ensinado na escola.

Meus conselhos servem para adolescentes, mas também para adultos. Acredito que sempre há tempo para mudar sua vida financeira, ganhar uma quantidade grande de dinheiro, passar a amar sua vida profissional e encontrar o sucesso.

Se seguir esse passo a passo, também sentirá impactos em sua vida pessoal: foram esses mesmos princípios que me fizeram encontrar a mulher incrível com quem me casei, me ajudaram a me tornar mais atlético e saudável e me possibilitaram ajudar minha família como nunca imaginei que poderia. Se esses ideais me fizeram tão bem, não seria justo deixar de compartilhá-los com muito mais pessoas.

Então vamos começar: o que vem a seguir é um mapa que vai ajudar você a atingir todo o seu potencial.

1

ENTREGUE-SE À BUSCA

Minha área de atuação me possibilitou estar em contato com pessoas e histórias incríveis. Por exemplo, conheci um executivo que fez algo inacreditável. Ele é nosso cliente, mas eu que aprendo com ele. (Ele não sabe disso, mas sou eu quem deveria estar pagando.)

Quando tinha 47 anos, esse homem se tornou o presidente de uma pequena empresa de roupas. Eram apenas oito lojas. Os donos da empresa lhe disseram que não podiam prometer um salário muito alto, mas que, se ele fosse bem, ganharia um Monza. Caso você seja um leitor jovem: o Monza é um carro de antigamente que, mesmo quando era bom, já era meio ruim.

Em vinte anos, esse executivo transformou as oito lojas em 560. A empresa, que valia menos de US$ 1 milhão, passou a valer mais de US$ 5 bilhões — sim, com "b." Uma multiplicação de milhares de vezes.

A Empiricus também me deu a oportunidade de conhecer uma pessoa que trabalha em um campo completamente diferente: o esporte. Um treinador. Em seis Olimpíadas seguidas, ele ganhou... seis medalhas, inclusive dois ouros inéditos.

Por fim, há um grupo de pessoas que infelizmente só conheci pelos livros: os comandantes da Força Aérea Americana, a melhor do mundo. Os Estados Unidos podem ter perdido guerras no solo, como no Vietnã. Sua superioridade aérea, porém, sempre foi inquestionável.

Tanto o executivo e o treinador quanto os comandantes queriam muito o sucesso. Todos se visualizaram no topo. Todos eram competitivos e desejavam muito vencer.

Que palavra você usaria para definir a razão do sucesso deles? Eu o convido a pensar um pouco e arriscar um chute antes de continuar lendo.

Se você pensou em "ambição", "sonho", "paixão" ou qualquer sinônimo, lamento. Está errado.

"Corra atrás dos seus sonhos e paixões" é um conselho ruim. Muitos sonharam e não chegaram lá. Muitos eram muito competitivos e mesmo assim perderam.

Napoleão era apaixonado por guerra e sonhou em invadir a Rússia. Foi o começo da sua decadência. Eu amava jogar futebol e sonhei muito em ser da Seleção Brasileira. Se pudesse participar de uma Copa, estaria disposto a praticamente qualquer sacrifício. Mas não cheguei nem perto de ser profissional. Muita gente que ama cantar causaria traumas na plateia se pudesse subir em um palco. Ambição não basta. Paixão não basta.

A mentalidade do "sonho grande" é especialmente problemática porque torna nossos fracassos mais dolorosos, pois a consequência lógica é pensar que falhamos em acreditar ou que não insistimos o suficiente.

Essas três pessoas que citei têm outra coisa em comum, muito mais importante.

A primeira pessoa que citei é o executivo José Galló, que transformou a Renner de uma lojinha em uma das maiores empresas do país.

Galló é um sujeito obcecado. Quando era o presidente da empresa, os gerentes das lojas ficavam atordoados ao receber ligações suas reclamando que um cliente no setor de perfumes estava há vários minutos sem atendimento. Como ele sabia? Na sede da Renner, Galló gostava de ficar olhando o movimento no sistema de câmeras... Ele insistia para os funcionários que deviam ser mais convictos ao desejar "bom dia". Eu nunca vi alguém tão interessado pela história do varejo: o homem tem no celular vídeos com propagandas feitas no começo da década de 1990 pela Arapuã e pelo Mappin, lojas que faliram há muitos anos.

A segunda pessoa que eu citei é o técnico Bernardinho. Deve haver pouca gente no mundo que goste mais de treino e de esporte do que ele. Suponha que você puxe um papo sobre cinema, por exemplo. Ele vai conversar, claro: é muito provável que lhe conte que adora o filme *Desafio no gelo*, de 2004, em que um técnico tem que lidar com um time rebelde de hóquei no gelo.

Outro exemplo: depois de ganhar a medalha de ouro olímpica, ele resolveu que uma boa premiação para sua equipe era fazer o treino começar uma hora mais cedo. "Sou viciado em treinamento. Se fico uns dias sem, me dá tremedeira", disse ele quando o recebemos em um evento da Empiricus.

O filho dele joga vôlei. A mulher com quem dividiu 25 anos de sua vida era jogadora de vôlei. Bernardinho é o tipo de pessoa que passa o dia treinando um time de vôlei, chega em casa, senta no sofá e, para relaxar, vai assistir um joguinho de vôlei na TV.

Por fim, os comandantes da Força Aérea que mencionei se reuniram com um escritor para tomar cerveja em um fim de tarde. Por coincidência, estavam perto de um aeroporto na capital dos Estados Unidos. A cada dez minutos, um avião passava sobre suas cabeças. Um avião normal, como tantos outros, levando gente para qualquer cidade no país.

Todas as vezes, os comandantes paravam brevemente a conversa. Eles olhavam para os céus como se não houvesse alternativa exceto se render ao pequeno prazer de assistir de novo à decolagem de um avião.

"Obsessivos. Meu tipo de gente", escreveu esse autor.

O que Galló, Bernardinho e os comandantes têm em comum é a Paixão Pragmática.

Claro que eles gostam muito de varejo, de vôlei e de aviões (respectivamente). Mas como alcançaram o sucesso? Não foi só amor. Foi se adaptando à realidade. Foi achando uma forma de serem úteis.

Os comandantes eram loucos por aviões. A carreira militar foi uma solução realista para poderem conviver com essa paixão. Seu sonho talvez seja criar a maior varejista do Brasil. Sua concessão ao pragmatismo é saber que o papel de CEO envolve muito mais do que sonhar, inclusive ligações ocasionais para gerentes perguntando por que há um cliente sem atendimento.

Veja Bernardinho. Ele é apaixonado por vôlei, mas será o primeiro a dizer que não foi o melhor jogador da história do país. Chegou à seleção, mas ficou no banco. Percebeu que poderia ser um técnico muito melhor do que um jogador.

Paixão Pragmática significa achar algo de que se gosta muito, claro, mas também ponderar isso com o realismo de saber o que dá e o que não dá. Quais são nossos pontos fortes e fracos. Onde somos bons e onde não somos. Não adianta sonhar por sonhar.

———

A adolescência é um ótimo momento para começar a descobrir nossas paixões. Sem dúvida alguém que ficou dos 12 aos 17 anos sentado em uma escrivaninha programando computadores deveria considerar com muito carinho a possibilidade de se dedicar a isso profissionalmente.

Mas isso é só 30% do caminho. Mesmo aqueles que têm muita clareza sobre o que amam, o que nem sempre é tão evidente, terão de conciliar isso com uma forma realista de ganhar dinheiro e ter sucesso profissional.

É muito difícil saber se vamos ser bons em alguma coisa antes de tentar. Quando ainda não começamos, só temos uma vaga ideia de como é trabalhar em determinada profissão. A solução é usar o postulado de Dory, aquela personagem do desenho: continue a nadar, continue a nadar.

Você só vai saber se tentar.

Quem está entrando no mercado de trabalho hoje provavelmente viverá muitos anos. Será um profissional ativo por muitas décadas. Terá tempo.

É óbvio que não se pode tentar todas as profissões do mundo. É difícil na mesma vida experimentar ser médico, engenheiro, cientista e puxador de escola de samba.

Tente, porém, escolher uma grande área e explorar dentro dela. Um economista pode tanto trabalhar no mercado financeiro quanto em instituições governamentais, por exemplo. Um matemático pode ser professor de ensino básico e também funcionário da Nasa (ou trabalhar no mercado financeiro). Um médico pode fazer qualquer coisa, desde a atenção básica a ribeirinhos na Amazônia até implantes de cabelo — escrevo esta frase com a propriedade e a gratidão de um paciente, e digo apenas que nunca fui ribeirinho.

Eu evitaria, por isso, carreiras muito específicas, que deixam pouca margem para escolha posterior.

Nosso sistema educacional força que os alunos de ensino médio escolham o que querem estudar na faculdade ao se inscreverem no vestibular. O resultado: o cotidiano da maioria das pessoas é determinado pela escolha feita por um garoto ou uma garota de 17 anos do passado. Não precisa ser (completamente) assim.

Eu mesmo demorei a me encontrar.

Meu pai faliu quando eu era jovem, então ele tinha medo de que eu levasse uma vida apertada, eternamente sem dinheiro.

Ele ficou aliviado quando cheguei em casa contando que iria trabalhar no Deutsche Bank. Um banco de respeito. Pronto: a vida profissional do filho estava resolvida.

Mas eu não me encaixei no banco. As pessoas não gostavam de mim, eu não gostava das pessoas. Todo mundo se xingava. Eu era o estagiário inseguro. Eles eram os caubóis babacas do mercado. Era uma combinação impossível.

Alguém passava de mesa em mesa oferecendo chocolate, mas pulando os estagiários, que ficavam de mãos esticadas e vazias. Aquilo não tinha nada a ver comigo. Eu não sou assim.

Pedi demissão. Meu pai sentenciou que eu estava cometendo o maior erro da minha vida por causa de uma frescura de ter ficado sem chocolate.

Mas não era o chocolate. Era quem eu era. Hoje sei que foi a melhor decisão que eu poderia ter tomado.

Ainda cheguei a trabalhar em um site de economia por vários anos. Era melhor que o banco, mas ainda não era o meu lugar. Eu queria poder influenciar os rumos da empresa. O jeito era abrir meu próprio negócio. Abri mão de um salário razoável pela insegurança de empreender. Ainda bem.

NÃO PERCA MUITO TEMPO EM EMPREGOS QUE VOCÊ ODEIA.

Quando somos muito jovens, nossa tendência é privilegiar a paixão: "vou cuidar de tartarugas marinhas em Noronha." É fácil subestimar a importância do dinheiro quando não somos nós que pagamos as contas. (Filhos de famílias em dificuldades financeiras tendem a ser mais conscientes sobre a falta que o dinheiro faz.)

Conforme vamos ficando mais velhos, um risco é ir para o outro extremo e achar que todos os trabalhos são igual-

mente insuportáveis, aderindo à ideia de que não existe trabalho ruim, ruim é ter que trabalhar.

Tome muito cuidado com isso.

Você só vai fazer algo bem se gostar minimamente daquilo. Disciplina é importante, mas tem limite. Passar os dias indo para o trabalho fazer algo que consideramos chato é um convite à procrastinação: enrolar, bater papo no cafezinho ou vender memes de gatinhos na internet. Dificilmente você vai fazer algo extraordinário sem algum grau de dedicação apaixonada.

Nas palavras de um investidor americano, é muito difícil ser realmente bom trabalhando com qualquer coisa sobre a qual você não se pegue pensando cheio de curiosidade debaixo do chuveiro.

Se estiver se divertindo com o trabalho, ou ao menos com boa parte dele, será muito mais difícil competir com você.

Eis agora a coisa mais importante sobre a Paixão Pragmática.

Gostar de uma área ajuda a ser bom nela. Sentir curiosidade genuína por finanças nunca fez mal a um profissional do mercado financeiro. Seria bastante difícil conquistar real sucesso sem isso. Mas o fluxo também se dá ao contrário: se você é bom em algo, passa a gostar mais disso.

O sujeito vai trabalhar em um banco e descobre ter jeito para a coisa. Começa a ser elogiado. Com o tempo e com esforço, ganha dinheiro, aplausos, autoestima. É claro que tende a amar o que faz, nem que seja por gratidão.

Será que os advogados tributaristas de sucesso sempre amaram estudar impostos ou amam os honorários que a sua área paga? Provavelmente um pouco das duas coisas.

Falaremos muito neste livro de ciclos que se retroalimentam. Este é o primeiro caso. Na faculdade, uma aptidão inicial fez as aulas de direito tributário parecerem interessantes. Conforme a pessoa foi se dedicando, encontrou algum sucesso. Aí é como disse o professor Scott Galloway: "Os melhores advogados tributaristas andam de avião particular e têm muito mais opções de namorados e namoradas do que mereceriam. Não surpreende que amem direito tributário."

Podemos chamar isso de Roda da Competência: o gosto inicial por uma área leva, após muito esforço, ao sucesso, que por sua vez reforça o gosto pela área.

Para evitar usar alguém do mercado financeiro, vou demonstrar, com o exemplo do arquiteto Paulo Mendes da Rocha, que faleceu em 2021, como um sutil interesse inicial em uma área pode se tornar uma forte identificação para enfim virar uma paixão e uma obsessão.

Como você pode ver no gráfico a seguir, esse pode ser um jogo muito longo. E, claro, essa é apenas uma das possibilidades de como a Roda da Competência pode se manifestar. Mas, se quiser ir longe, precisa estar dentro desse movimento de alguma forma. Trabalhar com aquilo que não o interessa vai matar ainda no nascimento sua possibilidade de avançar nesse jogo.

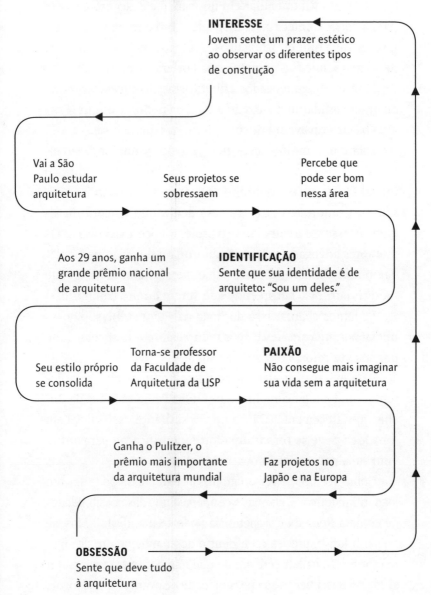

Na vida real, é menos linear do que no gráfico, é claro. Com certeza vai haver dificuldades. Nunca vai ser um mar de rosas. Sem dúvida, em muitos momentos você vai preferir estar bebendo uma cerveja na beira da praia do que trabalhando. Sempre haverá aspectos da rotina que você amará mais do que outros: um médico apaixonado pode achar que fazer cirurgias é uma experiência de prazer quase transcendental, mas será que fica feliz quando é acordado de madrugada por uma ligação de emergência?

O cirurgião que conseguiu ativar a Roda da Competência, porém, terá o privilégio de sentir que sua vida consiste em estar sempre aprendendo um pouco mais sobre medicina. A percepção de que estamos ficando cada vez melhores em algo que amamos é um sentimento imbatível. É por isso que tanta gente fica horas na frente de um videogame. Mas se você quiser ficar rico é preciso transportar esse sentimento para a vida real.

Falando de dinheiro e de pragmatismo, tenha em mente que algumas áreas simplesmente pagam bastante mal. Quanto pior a remuneração média de uma profissão, mais excepcional você terá que ser para compensar isso.

Designers ganham muito menos do que profissionais do mercado financeiro. Se você for muito bom e conseguir se tornar chefe de design da Apple ou da Tesla, terá bastante dinheiro. Mas perceba quão excepcional alguém tem de ser para uma posição assim.

Como um exercício, imaginemos que sorteássemos cinco fotógrafos e cinco médicos na população norte-americana. Faço isso com dados americanos simplesmente porque eles estão mais disponíveis, mas não deve haver grande diferença no Brasil.

Vamos perguntar para cada uma dessas dez pessoas qual é o seu salário anual e vamos analisar. O resultado vai ser algo como o gráfico a seguir. Os dados são reais.

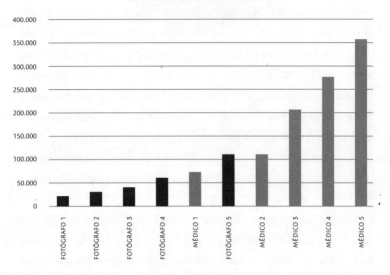

Você tem que ser um fotógrafo excepcional (no nosso exemplo, o Fotógrafo 5) para ganhar mais do que um médico. Mesmo sendo um ótimo fotógrafo, será difícil ganhar mais do que um médico que seja apenas razoável.

Isso não deve impedir você de querer ser fotógrafo caso sinta que nasceu para isso. Eu não acho que o Sebastião Salgado ou qualquer outro grande fotógrafo se arrependa de não ter se tornado um dermatologista. Mas saiba que, se quiser ser fotógrafo e ter uma vida financeira confortável, terá de ser brilhante, e ainda assim é bastante provável que não fique muito rico.

A história profissional de quase todo mundo envolve essa busca meio esquisita e não linear por ativar sua Roda da Competência.

Um dos principais donos de banco do país, André Esteves, do BTG Pactual, é originalmente formado em matemática. Seu sonho era trabalhar com TI. Prestou um concurso e virou funcionário público. Quando contou para a mãe que iria trocar a vaga supostamente segura para trabalhar em um banco que prometia promoções para quem tivesse bom desempenho, ela respondeu: "Mas meu filho, você vai confiar em banqueiro?"

Na contramão, um dos maiores filósofos brasileiros, Eduardo Giannetti, que esteve conosco várias vezes na Empiricus, estudou economia e tentou trabalhar em banco, mas durou apenas uma semana. Deixou os colegas perplexos ao achar que seria boa ideia abrir um livro no meio da mesa de operações: "Me olharam como se eu fosse um extraterrestre."

O médico mais famoso do país, Drauzio Varella, resolveu trabalhar em um presídio porque atender em consultório particular não lhe bastava. Antes disso, se meteu em uma aventura empresarial: chegou a fundar com amigos um cursinho pré-vestibular. Era o Objetivo, hoje famoso, onde ele dava aulas de física e química.

É fácil olhar para essas pessoas hoje e achar que elas sempre foram muito decididas, que sempre souberam o que fazer, que estava tudo desenhado. Isso é uma ilusão. É preciso tentar, e tentar mais um pouco.

Isso não vale só para a vida profissional. Você dificilmente vai ser feliz se não buscar respostas que fazem sentido especificamente para você em todos os campos da vida: uma profissão, sim, mas também um esporte, um casamento, um estilo de vida, um grupo de pacientes na prisão ou a possibilidade de ler um livro em paz sem ser julgado.

E também não adianta nada encontrar o trabalho perfeito e cometer o erro muito comum de que trato no próximo capítulo.

PERGUNTE A SI MESMO:

> A que tipo de coisa você se dedicava no seu tempo livre quando era adolescente? (Se você é adolescente, a que dedica seu tempo?)

> Se dinheiro não fosse uma questão, com o que você gostaria de trabalhar? Se você trabalha, os dias passam rápido ou você fica contando as horas para ir embora do seu emprego? Você sofre nos domingos à noite?

> Quantas coisas diferentes a sua profissão permite fazer?

RESUMO

> O aspecto mais importante da realização profissional é o autoconhecimento. Descubra sua Paixão Pragmática.

> Não gaste a vida em atividades que você odeia.

> Ser excepcional em algo dá muito trabalho. Gostar de uma profissão ajuda a ser bom nela, e ser bom ajuda a gostar.

> Mesmo dentro de uma única grande área profissional, há muito o que explorar. Dois médicos ou engenheiros podem ter vidas completamente diferentes.

> Tente, tente, tente. Mesmo que não dê certo, você estará cada vez mais perto da resposta.

2
TOME CUIDADO COM A ESCRAVIDÃO

Deixe-me começar este capítulo contando a história de Roberto. Ele é engenheiro e vive em São Paulo. Tem 38 anos. Seu sonho é ter um Jaguar.

Um carro desses dificilmente custa menos de R$ 500 mil. Roberto já escolheu tudo: queria um SUV, híbrido, de uma cor azul-escura discreta. A máquina vai de 0 a 100 km/h em pouco mais de cinco segundos. Mas o que Roberto quer nem é a velocidade. Ele anseia pelos olhares de inveja que um veículo de luxo costuma atrair.

O problema, porém, é que Roberto não tem todo o dinheiro para comprar o carro. Na concessionária, ele pergunta ao vendedor quais são as opções de pagamento. O vendedor não entende direito. Diz que, em geral, os clientes pagam com uma transferência bancária ou um cheque administrativo, emitido diretamente pelo seu gerente.

Roberto tem que insistir. Não é isso que ele quer saber. Ele quer saber quais são as opções de financiamento.

A expressão do vendedor muda. Roberto sente que, com os olhos, o homem diz: "Que raios você está fazendo aqui? Por que você vem a uma loja de luxo se não tem condições de pagar por um carro desses? Por que está me fazendo perder tempo?"

Todo mundo sabe disto: ninguém compra um carro tão caro se não tem dinheiro sobrando. Roberto é um desvairado. Se você não é muito rico, pode comprar um ótimo carro, que vai lhe servir perfeitamente, por uma fração do preço de um Jaguar.

Que constrangimento, não é?

———

Agora, faço uma pergunta para você:

No Brasil, qual porcentagem dos carros de luxo vendidos são financiados? Cerca de 10%, de modo a atender pessoas como Roberto, talvez? Ou nem isso?

Do ponto de vista da racionalidade financeira, a reação do vencedor pode fazer muito sentido. O problema, porém, é que essa história é completamente falsa. Essa cena nunca aconteceu.

No Brasil, dependendo da marca, até 60% dos carros de luxo vendidos são financiados. No caso da Jaguar, são 50%. Essas dívidas bancárias podem muito bem passar de meio milhão de reais.

Não, o vendedor não vai olhar feio para você. Na verdade, ele vai imediatamente puxar um panfleto e lhe apresentar as condições de parcelamento. Todas as principais marcas se associaram a bancos para facilitar que o financiamento seja feito já na concessionária. É possível pagar o carro ao longo de vários anos. O vendedor vai até lhe oferecer mais um cafezinho. Constrangimento? Constrangedor é não vender!

Os Robertos do mundo também terão de pagar um seguro caríssimo, imposto idem, sem mencionar várias outras despesas. Eles também não vão levar seu Jaguar para revisão e manutenção em qualquer mecânico. Nem que quisessem: não existe o Beco do Jaguar. Tudo vai ser feito na concessionária da marca e não vai ser barato.

Por que alguém faria uma coisa dessas?

O desejo de status é o caminho para a infelicidade. Você passa a gastar dinheiro que não tem para impressionar pessoas de quem nem gosta. Você fica triste porque se compara com os outros, e sempre haverá alguém que aparenta mais riqueza ou mais felicidade.

O carro importado é um exemplo extremo disso. Poderíamos estar falando de um guarda-roupa cheio de peças quase nunca usadas. Da necessidade de trocar o celular pelo último modelo a cada ano. De uma bolsa nova sem a qual não se será feliz.

A maior parte das pessoas passa a vida nessa competição estúpida e carente da qual ninguém sai ganhando.

São pessoas que, no íntimo, não gostam muito de si mesmas e, portanto, têm medo de que os outros também não gostem. Todos nós queremos ser amados, afinal. Mas não ache que, se tiver determinado bem material, e especialmente se postar isso nas redes sociais, sua autoestima vai finalmente melhorar.

Não vai. O efeito de gastar dinheiro é efêmero, ou seja, dura muito pouco. Depois de seis meses, você nem pensa mais no carro chique que comprou. O cérebro se adapta e esquece. Aquele ditado que diz que a casa na praia dá duas alegrias, uma quando a gente compra e outra quando vende, tem sua razão de ser.

Além disso, ostentação atrai o pior tipo de gente: nenhum relacionamento feliz e duradouro começou com alguém mostrando um relógio caro para seu pretendente.

Veja: o conselho do capítulo anterior é fazer na vida o que *você* ama. Não é fazer na vida aquilo que *os outros* acham legal.

Também no capítulo anterior, lembre-se de que eu falei que este livro trataria de como nossas ações se reforçam em um ciclo sem fim. Citei a Roda da Competência, que mostra como perseguir seus interesses o torna excepcional no que faz.

Este capítulo fala de outra roda, mas esta é negativa. É a Roda da Escravidão, que você pode ver na próxima página.

O amor-próprio é fruto de coisas que o dinheiro não pode comprar:

> orgulho de fazer algo legal da vida;
> boas relações com a família e com os amigos de longa data;
> estilo de vida saudável e atlético;
> reconhecimento dos pares na profissão;
> sentir-se parte de algum projeto que é maior do que você.

A RODA DA ESCRAVIDÃO
A dualidade infinita "endividado-infeliz"

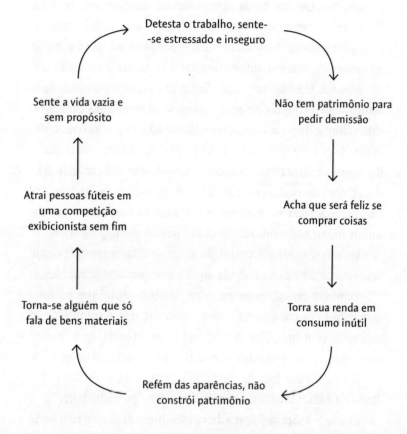

Perceba que o amor não se esgota: eu poderia facilmente me entediar com um iate depois de uns meses, mas jamais me cansaria de passar tempo com meus filhos — e até sofro porque eles estão crescendo rápido demais.

Você quer estar perto de gente que se importa com as coisas certas. Gente do bem vai querer saber como você trata a sua mãe, e não quanto você gasta quando vai a Nova York. Falar de dinheiro o tempo todo é superficial demais.

Aprenda a se importar menos com o que os outros pensam de você — e mais com o que você pensa de si mesmo.

O sucesso é fruto de uma busca permanente por aprimoramento. Mas nessa corrida você está competindo, acima de tudo, consigo mesmo.

Alguém sempre terá mais dinheiro. Não só dinheiro, aliás: alguém sempre terá filhos mais comportados, mais prestígio, inteligência, beleza ou, até mesmo, tudo isso junto. E tudo bem! Você trocaria de vida com essa pessoa? Deixaria seus filhos, seus pais, seu trabalho, sua rotina? Se a resposta foi "não", então não há mais o que discutir. Se a resposta foi sim, isso diz muito mais sobre você do que sobre o sucesso da outra pessoa.

Aprender que não se trata de uma competição vai fazer você ser melhor em tudo. Entendi isso da pior maneira possível. Perdi uma das funcionárias que mais admirava porque se estabeleceu uma corrida estúpida para sabermos quem tinha mais razão, quem era mais importante, e não para fazermos algo bom juntos.

Eu me penitencio até hoje: será que não poderia ter feito algo para que a gente estivesse do mesmo lado, se ajudando, se ouvindo?

A maioria das pessoas vive como se todo mundo estivesse o tempo todo olhando para elas, julgando se são um sucesso ou um fracasso, medindo suas conquistas. A verdade é que ninguém está nem aí. As pessoas estão quase sempre preocupadas consigo mesmas, não com você. Não superestime a atenção que você desperta.

De modo que recomendo que você não tenha grande apego a cargos, títulos, honrarias. Um estagiário infeliz que é promovido

APRENDER QUE NÃO SE TRATA DE UMA COMPETIÇÃO VAI FAZER VOCÊ SER MELHOR EM TUDO.

muitas vezes vai virar, no máximo, um diretor infeliz. Nenhum ganhador do Nobel recebeu o prêmio porque queria muito um dia ter um Nobel. Invariavelmente, as pessoas só estavam usando seus talentos para fazer algo que achavam fascinante.

Perceba também que, no que se refere a dinheiro, você nunca sabe exatamente quanto alguém tem — a não ser que trabalhe na Receita Federal, e às vezes nem assim... O que você enxerga é quanto as pessoas gastam. Há alguma correlação entre quanto alguém gasta e quanto dinheiro tem, evidentemente, mas essa correlação não é tão forte assim.

Ter patrimônio acumulado é muito mais importante do que gastar muito dinheiro.

O patrimônio acumulado possibilita o que o escritor Nassim Taleb chama de "fuck you money". Em outras palavras, se você tiver um patrimônio grande o suficiente, pode dizer "não enche" e fazer o que quiser em uma série de situações. O "fuck you money" permite:

> sair de um emprego de que não gostamos;
> não aceitar a primeira coisa que aparecer caso estejamos procurando um trabalho;
> não perder o sono por causa de algum imprevisto financeiro, como uma emergência médica;
> eventualmente, trabalhar menos, trabalhar nas horas em que você quiser, ter o controle da sua vida.

Este é o propósito do dinheiro: a liberdade. Quem tem pouco dinheiro guardado se torna, inevitavelmente, escravizado. Se você não tem condições de sustentar você e a sua família sem um salário ou a ajuda do governo, você é refém da empresa ou do Estado. Patrimônio é liberdade. Curiosamente, uma das primeiras pessoas a falar em "escravidão assalariada" não foi nenhum grande investidor, mas Karl Marx, ainda no século XIX.

Ter dinheiro investido não resolve todos os problemas, é claro, mas resolve todos os problemas de dinheiro, o que já é muito.

A falta de reservas financeiras destrói casamentos, desune famílias, cria conflitos. A privação engole o carinho logo pela manhã.

Não se trata só de dinheiro, aliás. Deixe-me contar uma outra história: diferentemente daquela do Roberto, esta é verdadeira.

Houve um jogador de basquete nos Estados Unidos chamado Wilt Chamberlain. Ele foi gigantesco. Chegou a marcar 100 pontos em uma única partida, em 1962, pelo Philadelphia Warriors. Em 60 anos, a façanha nunca foi repetida por outro jogador. O máximo de Kobe Bryant foi 81. Michael Jordan, coitado, apenas — "apenas"... — 69.

O ano de 1962 foi muito bom para Chamberlain. Nesse ano, ele conseguiu superar seu maior defeito como jogador. Só para botar tudo a perder depois... Mas vamos chegar lá.

Eis o defeito: Chamberlain era péssimo nos lances livres. Lance livre é quando o jogador sofre uma falta e ganha o direito de fazer arremessos sem defesa, embaixo da cesta. Em média, Chamberlain acertava apenas 40% das bolas. Um horror para um atleta profissional. Pior ainda para um dos maiores talentos da história do basquete em todo o resto.

Chegaram a contratar um psicólogo para tentar ajudá-lo. "Ele arremessava lances livres melhor do que eu", brincou Chamberlain.

Naquela noite dos 100 pontos, porém, ele marcou 28 dos 32 lances livres que arremessou. Um aproveitamento de 87,5%.

Isso só foi possível porque, naquele ano, Chamberlain tinha adotado uma forma pouco comum de arremessar.

Em vez de jogar a bola do alto, com os braços para cima da cabeça, como todo mundo, ele passou a atirá-la de baixo para cima, a partir da altura da cintura, como uma criança ou

ESTE É O PROPÓSITO DO DINHEIRO: A LIBERDADE.

um idoso fariam. Esse estilo, aliás, é conhecido como *granny shot*, ou "arremesso da vovó"...

Só havia um outro jogador que fazia desse jeito: Rick Barry, que tinha um aproveitamento de absurdos 90%. É muito mais fácil jogar assim, na verdade.

Em 2017, pesquisadores de Yale, uma das melhores universidades do mundo, constataram matematicamente que o jogador tem mais controle da bola se arremessá-la por baixo. É uma forma mais intuitiva e natural de fazer isso. Humanos são melhores segurando coisas na altura da cintura do que sobre suas cabeças. Os braços estão relaxados. A bola viaja suavemente.

Claro que não é possível fazer o arremesso da vovó fora dos lances livres, no meio da partida, porque você seria facilmente bloqueado todas as vezes. Mas no lance livre não há ninguém na sua frente.

O arremesso da vovó causou uma revolução no jogo de Chamberlain.

Quando o jogo de basquete está chegando ao fim e o placar está muito apertado, uma estratégia comum é fazer uma falta. Você troca o risco de levar uma cesta de três pontos por dois lances livres. Melhor: você pode escolher qual jogador adversário vai arremessar. Basta fazer a falta nele. Escolha um jogador que arremessa mal.

Chamberlain era o jogador que arremessava mal. Se você arremessa mal, uma consequência é que talvez acabe forçando o técnico a tirá-lo de quadra justo no fim do jogo, quando o time mais precisa, para evitar que os adversários façam uma falta sobre você...

Agora isso havia acabado. Na temporada de 1961-62, Chamberlain foi imbatível. Nunca ninguém fez tantos pontos em uma temporada: 4.029. O segundo colocado? Michael Jordan, que fez 3.041 em 1986–87.

E então o que Chamberlain fez no ano seguinte?

Desistiu do arremesso da vovó, voltando à mediocridade nos lances livres.

Por quê?

Mais do que isso: se o arremesso da vovó é tão eficiente, por que não é utilizado por um mar de jogadores da NBA?

Shaquille O'Neal, que fez carreira nos anos 1990 e 2000, por exemplo, foi um dos melhores jogadores de todos os tempos, mas também era muito ruim nos lances livres. Quando sugeriram que ele adotasse os arremessos por baixo, esta foi a resposta dele: "Esquece, eu prefiro não acertar nenhuma a fazer isso."

Como assim?

A questão é que o arremesso da vovó é patético. É infantil. O jogador parece amador. As pessoas dão risada. Procure um vídeo na internet. Você também vai sentir vontade de rir.

Eis o que Chamberlain escreveu na sua autobiografia: "Eu me sentia bobo, afeminado. Sei que estava errado. Mas eu simplesmente não consegui."

O público pode ser impiedoso. Este é o relato de um professor americano:

"Uns anos atrás, eu era técnico de um time feminino da quinta série. A maioria não era fisicamente capaz de fazer um lance livre usando a técnica normal. Então, ensinei as garotas a arremessar a bola por baixo. Na primeira vez em que uma delas fez isso em uma partida, a plateia inteira riu alto. Eles riram de uma menina... de 11 anos."

A pressão social pode ser muito poderosa. Talvez você pense que o sucesso dos arremessos fez as pessoas rirem menos de Chamberlain. Mas não! Essa é a forma que os críticos encontram de diminuir o vencedor: ele fez 100 pontos, é verdade, mas que vergonha ele passou, não? E, se você for o melhor jogador de basquete da sua geração, não tenha dúvida: haverá críticos.

Lembre-se também de que jogadores de qualquer esporte são meninos de vinte e poucos anos. Até outro dia eles eram crianças. Agora estão no centro de todas as atenções, pressões, badalações. Do ponto de vista psicológico, não é uma transição trivial.

Pior ainda é fazer um arremesso assim e errar. Ninguém fala nada se você erra um ponto arremessando como todo mundo sempre fez. Acontece. Ser ousado e não acertar, porém, é abrir espaço para comentários do tipo "mas também, olha o que essa mula foi inventar."

Chamberlain estava errado, porém.

Décadas se passaram até que um jogador voltasse a usar o arremesso da vovó na NBA. Foi Chinanu Onuaku, em 2017. "Realmente não me importo com o que as pessoas pensam", disse ele. "Sei que vão rir de mim. Eu só ignoro."

Ao tomar decisões, não se preocupe com o que os outros vão pensar. Chamberlain foi um herói em 1962, mesmo jogando a bola de um jeito ridículo. O problema estava na cabeça dele. Algumas pessoas riram? Sim. Quantas delas fizeram 4.000 pontos em uma temporada da NBA? Que se danem as pessoas.

Infelizmente, ele não pensava assim. Ainda foi um grande jogador, porque seu talento era extraordinário, mas sempre se poderá dizer que ele jogou abaixo do seu potencial.

Viver abaixo do potencial é um preço muito alto a pagar só porque você quer a aprovação alheia.

É bom ser um pouco desencaixado, um pouco rebelde. Ter uma visão política diferente daquela de boa parte dos seus amigos. Ler os livros que ninguém está lendo ou assistir aos filmes que ninguém ao seu redor viu. Ir a bares para os quais seus colegas de trabalho torceriam o nariz. Saber ficar sozinho. Viajar sozinho. Aprender a dizer não.

Na ficção, todo protagonista charmoso vive no seu próprio mundo. Tem seus desejos, sua personalidade, e é fiel a ambos.

Se algum dos personagens de Clint Eastwood jogasse basquete, não estaria nem aí para a opinião alheia sobre seus arremessos. No livro juvenil mais famoso de todos os tempos, todos chamam o vilão de "aquele que não deve ser nomeado", mas Harry Potter acha isso uma imbecilidade: para ele, é "Voldemort". Harry não está nem aí.

As pessoas que se esforçam demais para obter aceitação, ironicamente, não têm carisma algum.

Isso não significa renunciar à sociedade. É óbvio que você não irá de camiseta ou tênis a um casamento. É óbvio que você não tem que falar para a vovó católica no almoço de Natal que Deus não existe. É óbvio que você tratará bem os filhos dos outros mesmo que eles pareçam irritantes. É óbvio que você vai evitar discordar das pessoas só por discordar. Isso não tem nada a ver com ser mal-educado.

Mas os mais íntimos saberão que, no que é importante, você não trai a si mesmo. E isso fará de você alguém confiável: ninguém acredita em quem não é fiel nem a si próprio.

Meu modelo ideal aqui é o de Mick Jagger: de um lado, roqueiro transgressor há 60 anos. De outro, Cavaleiro da Coroa Britânica.

Keith Richards, seu colega de Rolling Stones, conta que nos anos 1970 eles estavam tendo imensa dificuldade para conseguir os vistos para uma turnê nos Estados Unidos.

Jovens roqueiros cabeludos um pouco drogados não eram exatamente bem vistos pela conservadora sociedade norte-americana. Nos anos 1970, os deputados estaduais do Arkansas chegaram a tentar proibir o rock na sua jurisdição. (Mas como definir o que é o rock? A redação da proposta legislativa é maravilhosa: "Quando houver batidas fortes, altas e insistentes no compasso...")

O advogado teve uma ideia, conforme relata Richards: "Ele pediu a um oficial graduado da imigração americana que recebesse Mick e julgasse por si mesmo e, naturalmente, Mick foi o mais sedutor que pôde, aparecendo de terno, e só faltou o cara abaixar a calça para ele. Mick é o cara mais versátil que eu conheço. Por isso eu o adoro."

É isso aí.

PERGUNTE A SI MESMO:

> Se você tem um emprego, quão desesperadora seria a sua situação se o perdesse amanhã?

> Quando você encontra amigos, vocês falam de coisas (carros, apartamentos, bens) ou de ideias e histórias?

> Com que frequência você faz compras para tentar se sentir mais feliz?

> Quanto sua vida seria diferente se seus amigos e parentes não estivessem olhando?

RESUMO

> Se você depender pelo resto da vida de um salário ou de alguma ajuda do Estado para sobreviver, você sempre será um pouco escravo.

> Junte dinheiro. Juntar dinheiro implica ganhar mais, mas também não gastar à toa.

> Fuja das competições por status. Cerque-se de pessoas que não se importem com quem comprou o quê.

> Seu cérebro se acostuma depressa ao carro novo, mas o carinho dos filhos continua dando barato pelo resto da vida.

> As pessoas mais carismáticas são aquelas que não se esforçam *demais* para obter aceitação.

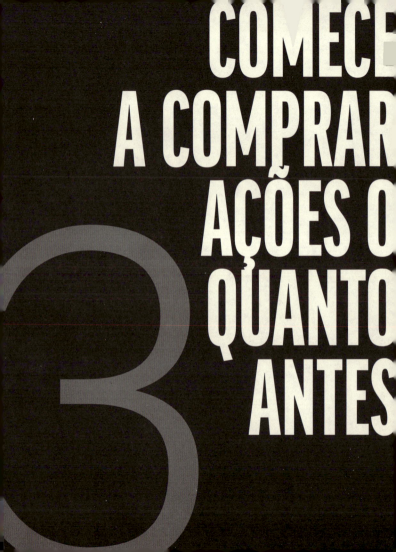

O que é primordial para construir um patrimônio?

Você quer *alta rentabilidade*, eles dirão. Ou seja, seu dinheiro tem que crescer rapidamente por meio de bons investimentos. A vida seria maravilhosa se conseguíssemos 20%, 30% de crescimento ao ano.

Se você procurar um assessor de investimentos, é muito provável que ele lhe apresente uma lista de opções que acredita serem de alta rentabilidade.

Isso tudo é meio óbvio. E também um tanto incompleto.

———

Segundo o grande físico Carl Sagan, a história que vou contar agora aconteceu na Pérsia antiga.

Havia um conselheiro do rei que era genial. Ele acabara de inventar um jogo novo: o xadrez. Originalmente, o jogo se chamava "morte ao rei": em persa, *shahmat* (*shat* é rei, *mat* é morto). Daí veio o "xeque-mate".

Que o rei da Pérsia tenha gostado tanto de um jogo chamado "morte ao rei" demonstra certo senso de humor. E ele amou. Jogava todos os dias. Encantado, perguntou que recompensa o conselheiro queria por tal invenção maravilhosa.

"Sou um homem modesto", disse o conselheiro. "O tabuleiro de *shahmat* tem 64 casas. Eu só peço que, na primeira, seja colocado um único grão de trigo. Na segunda casa, o dobro dessa primeira quantia. Na terceira, o dobro da segunda quantia, e assim por diante, até que todas as casas estejam preenchidas com suas devidas quantidades."

Ou seja, o conselheiro só queria um pouco de trigo. Um único grão na primeira casa. Dois na segunda. Quatro na terceira... O que são quatro grãos de trigo?

Escreve Carl Sagan:

"Não, protestou o rei, era uma recompensa demasiado modesta para uma invenção tão importante. Ofereceu joias, dançarinas, palácios. Mas o conselheiro, com seus olhos apropriadamente baixos, recusou todas as ofertas. Só queria pequenos montes de trigo. Assim, admirando-se secretamente da humildade e comedimento do seu conselheiro, o rei consentiu."

Foi o erro do rei. Nosso cérebro não entende bem juros compostos. De fato, os valores começam baixos:

1ª casa: 1
2ª casa: 2
3ª casa: 4

Mas crescem rapidamente:

25ª casa: 16,8 milhões
26ª casa: 33,6 milhões

E vai indo:

41ª casa: 1,1 trilhão
42ª casa: 2,2 trilhão

Até que, na 64ª casa, o número é este:

9.223.372.036.854.775.808

No tabuleiro inteiro, somando todas as casas, teremos 18.446.744.073.709.551.615. Isso são 18,5 quintilhões. (Tem o milhão, depois o bilhão, o trilhão, o quatrilhão e, por fim, o quintilhão.) Isso equivale a 125 anos da produção mundial de trigo *hoje em dia*.

Não se sabe qual foi a reação do rei. Talvez tenha ido plantar mais trigo. Mais provavelmente, criou um jogo novo: tiro ao alvo no conselheiro.

Sagan dá outro exemplo. Bactérias se reproduzem por divisão binária: a bactéria se quebra ao meio, dando origem a duas outras. Se a colônia não encontrar obstáculos, seu crescimento é exponencial: a cada geração, o número de bactérias dobra.

Em condições favoráveis, as bactérias podem se reproduzir a cada 15 minutos. Embora uma única bactéria seja muito leve, as suas descendentes, depois de um dia de esbórnia carnavalesca bacteriana, serão tantas que terão coletivamente o mesmo peso de uma montanha.

Em pouco mais de um dia e meio, elas teriam o mesmo peso da Terra. Em dois dias, estariam mais pesadas que o Sol. "Em breve, tudo no Universo será composto de bactérias", escreve Sagan.

Na realidade isso não acontece, é claro. O crescimento das bactérias sempre é interrompido por algum obstáculo natural. Em geral, acaba a comida. Muitas vezes as bactérias começam a se envenenar mutuamente na disputa pela sobrevivência. O mundo microbiano tem muita sacanagem.

Sendo o Universo dominado por bactérias ou não, a questão é que a gente subestima muito o poder do crescimento exponencial.

Nosso cérebro não lida com esses cálculos intuitivamente. Se eu perguntar quanto é 2 vezes 15, você vai responder na hora. Pode ser que responda até uma multiplicação mais difícil. Imagine que eu lhe pergunte quanto é 241 vezes 21. Você terá ao menos uma noção da resposta: talvez pense que 241 x 10 é 2.410, então 241 x 21 deve ser algo perto de 5.000.

Mas se eu perguntar quanto é 2 elevado a 15 (ou seja, 2 x 2 x 2... 15 vezes), você vai precisar fazer a conta. A não ser que trabalhe com matemática, não terá noção alguma da resposta. É algo perto de 500? De 1.000? De 5.000? (A resposta é 32.768.)

———

Isso tem muito a ver com riqueza.

Existem dois investidores americanos muito famosos: Jim Simons e Warren Buffett.

Simons é um professor universitário de matemática que se tornou investidor. Sua rentabilidade é muito melhor que a de qualquer um: ao longo de três décadas, ele e sua equipe conseguiram fazer o dinheiro crescer a inacreditáveis 66% ao ano.

Já Buffett é um senhor que passou a vida inteira em Nebraska, nos cafundós dos Estados Unidos, e é praticamente a imagem do investidor no imaginário coletivo da nossa época.

Um dos homens mais ricos do mundo, ele também tem uma rentabilidade extraordinária, mas bem menor em comparação com a de Simons: 22% ao ano.

Apesar disso, o patrimônio de Buffett é de 113 bilhões de dólares, contra humildes 24 bilhões de Simons.

Como é possível? A resposta mais intuitiva seria que Buffett começou com mais dinheiro. Mas não é o caso. Algum outro palpite?

Buffett começou a investir quando tinha 10 anos de idade e, enquanto escrevo este livro, tem 91 anos. São mais de oito décadas de juros compostos. Muitos livros foram escritos sobre a técnica de investimento de Buffett, mas talvez a maior lição seja esta: comece cedo, não pare e evite morrer.

Dos 113 bilhões de dólares na conta de Buffett, 110 bilhões foram conquistados depois do seu aniversário de 65 anos. Aos trinta anos, ele tinha "só" 10 milhões (isso mesmo, com m) de dólares.

Os anos de Buffett são como as casas do tabuleiro de xadrez na história do conselheiro persa: no começo, não parecia que nada excepcional ia acontecer — até que aconteceu.

Simons demorou bem mais a começar. Além de professor universitário, trabalhou no serviço de inteligência do governo americano decifrando códigos secretos de nações inimigas. O fundo de investimento que o deixaria famoso foi fundado quando ele já tinha 50 anos. Hoje ele tem 83 — mesmo com sua rentabilidade de 66% ao ano, Simons não chega nem perto da fortuna de Buffet, simplesmente porque teve menos tempo.

Se Simons mantivesse essa rentabilidade por oito décadas, como Buffett, teria um patrimônio de dezenas de quatrilhões, mais de 100 vezes *a riqueza total* da humanidade. Ou seja, some a riqueza de todo mundo, inclusive a minha, a sua e a do Bill Gates. Simons teria 100 vezes isso. Evidentemente esse é um cenário fictício, como aquele em que as bactérias engolem o Universo: em algum momento, uma rentabilidade de 66% ao ano se mostraria insustentável. Em certa medida, essa perda de potência já começou a acontecer com Simons nos últimos anos. O importante a notar é o seguinte:

O CRESCIMENTO EXPONENCIAL É MÁGICO, E ELE PODE TRABALHAR A SEU FAVOR.

Claro que alta rentabilidade é importante. Um ponto percentual a mais por ano, ao longo de muitos anos, faz muita diferença. Mas preste atenção a isto: *ao longo de muitos anos*. Uma rentabilidade melhor não vai ajudar muito se você começar a investir aos 75 ou aos 80 anos, infelizmente.

Simplesmente não dá tempo.

———

Uma vez que você decida começar cedo, uma boa maneira de construir patrimônio é comprar ações. Aproveite para começar o quanto antes.

Ações são pedaços de empresas. Elas podem ser compradas e vendidas na Bolsa de Valores, diariamente. Se muita gente quer comprar uma coisa e pouca gente quer vender, o preço sobe. Por exemplo: todos os times querem o Messi, mas não existem muitos jogadores como ele. Vai ser caríssimo contratar o Messi. Nem tantos times querem o lateral direito Yago Pikachu, de modo que ele sempre jogou em clubes menores e ganhou bem menos.

Essa é a lei da oferta e da demanda. Se uma empresa cresce e vai bem, muita gente quer comprar suas ações, ou seja, a demanda é alta. Mas pouca gente vai querer vender as ações de uma empresa tão boa, portanto a oferta é baixa. Assim, o valor das ações dessa empresa vai subir. Quem tem suas ações, portanto, fica mais rico.

A longo prazo, as ações estão entre os melhores investimentos. Isso porque as empresas podem crescer muito. Uma casa pode se valorizar, mas não vai dobrar de tamanho até ocupar um quarteirão. Uma empresa pode, no futuro, ter 10 ou 100 vezes o tamanho que tem hoje, o que vai se refletir no preço de suas ações.

Mas e se você escolher as empresas erradas? Justo aquelas que não vão crescer ou, pior, que vão falir?

Pode acontecer. Aliás, vai acontecer.

Isso porque ninguém consegue prever perfeitamente o futuro. Você pode acreditar muito em uma empresa e se decepcionar.

Aconteceu comigo. Quando a Empiricus estava começando, fiz uma recomendação importante para os poucos assinantes que nos seguiam naquela época: comprem ações da HRT.

HRT era uma empresa de petróleo comandada por um engenheiro que tinha saído da Petrobrás.

Ele dizia que sabia a localização de novas — e melhores — bacias de petróleo. Dizia que ia perfurar e achar petróleo no Solimões, que fica na Amazônia, e na Namíbia, que fica na África.

Se ele conseguisse, isso seria uma revolução, porque ninguém acreditava haver muito petróleo nesses lugares.

Na verdade, a HRT se revelou a maior empresa de água mineral do mundo. Onde quer que ela perfurasse, era só isso que conseguia achar. (Além de um pouco de areia, para sermos justos.) Nada de petróleo.

Podemos tirar duas lições daí.

A primeira delas é que você nunca deve colocar todo o seu dinheiro em poucas empresas ou, pior, em uma só. Muita coisa pode dar errado. Mesmo o melhor time às vezes perde.

Isso se chama diversificação. Compre sempre um pouco de cada ação. Mesmo que uma empresa dê errado, outras darão certo e vão compensar os erros. Foi o que aconteceu com a gente na Empiricus.

Por fim, você precisa ter paciência.

Lembre-se de que está comprando ações porque acredita que as empresas podem crescer, melhorar, lucrar mais. Isso não acontece de um dia para o outro. Pelo contrário, demora muito tempo.

Ao longo dos anos, o valor de uma ação vai subir, cair, cair mais um pouco, subir de novo. É um sobe e desce sem fim. Tente ignorar essas oscilações de curto prazo. O importante é que, a longo prazo, o valor da ação segue a qualidade da empresa que ela representa.

Vou dar um exemplo. Se em 1980 você tivesse comprado 100 dólares em ações da Apple, hoje esse dinheiro teria virado mais de 100 mil dólares. O problema é o seguinte: de 1980 até hoje, houve mais de 20 situações em que essa ação perdeu 20% ou mais do seu valor.

Não é diferente com outras empresas: entre 2007 e 2009, quem tinha ações do Google viu 60% do seu dinheiro evaporar. Mas a ação voltou a subir, e em 2021 valia quase 20 vezes mais que em 2009.

Tudo isso é para dizer: não entre em pânico. Nunca venda suas ações no desespero ou na emoção. O mundo não vai acabar. Correções são normais e muito difíceis de antecipar. Apenas espere.

Considerando dados do mercado americano, historicamente a chance de o mercado de ações subir em um dia qualquer é de 50% — ou seja, é algo aleatório. Em períodos de um ano, a chance de alta é de mais de 60%. Se esperar 10 anos, a chance de você ganhar dinheiro na Bolsa é de 88%. Até hoje, ninguém que esperou 20 anos perdeu: em 100% dos casos, a Bolsa subiu.

Como eu disse, começar cedo implica ter tempo para esperar essas décadas. Façamos uma simulação. Imagine que você invista R$ 1.000 hoje, com um retorno de 10% ao ano. Isso vira R$ 1.100 no próximo ano. No ano seguinte, porém, esse valor não é R$ 1.200, mas R$ 1.210 (R$ 1.110 x 110%).

No curto prazo, o investimento cresce devagar:

> Ao final do quinto ano, você teria R$ 1.610;
> Ao final do décimo ano, R$ 2.593.

Mas a coisa vai se acelerando:

> Ao final de 20 anos, os R$ 1.000 viraram R$ 6.727;
> Ao final de 30 anos, R$ 17.449;
> Ao final de 40 anos, R$ 45.259.

Se você conseguir esperar um pouco mais:

> Ao final de 60 anos, R$ 304.481;
> Ao final de 80 anos, impressionantes R$ 2.048.400.

Isso tudo a partir daqueles R$ 1.000 iniciais — e certamente você não vai parar de investir por aí. Perceba que 10% ao ano é uma ótima rentabilidade, mas não é nada impossível.

Lembre que nosso cérebro tem dificuldade para entender o crescimento exponencial. Ele pensa linearmente. No curto prazo, não faz tanta diferença. Mas você pode ver na próxima página como funciona a longo prazo.

Tenho falado muito aqui de mecanismos que se retroalimentam. Chamemos este de Roda da Paciência: o objetivo é ter dinheiro investido o suficiente para trabalhar apenas se você quiser. Essa é a liberdade final. Grosso modo, você precisa ter um patrimônio 25 vezes maior que o seu gasto anual

COMO ENRIQUECER COM AÇÕES

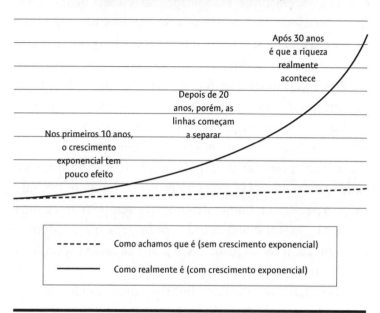

A RODA DA PACIÊNCIA
*Dinheiro gera paz de espírito,
paz de espírito gera dinheiro*

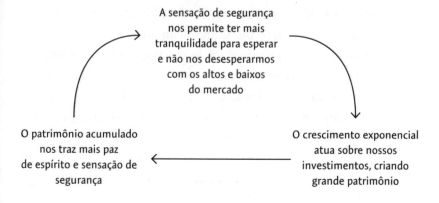

para poder dizer que é financeiramente independente. Essa conta considera uma rentabilidade real (ou seja, acima da inflação) conservadora de 4% ao ano, que serviria para cobrir os seus gastos. Desse modo, quem gasta R$ 100 mil por ano precisaria de R$ 2,5 milhões, por exemplo.

A geração dos meus filhos tem tudo para viver mais de cem anos com qualidade de vida. Eles terão tempo para o crescimento exponencial. Ainda mais se aplicarem este conselho também em relação à própria forma de levar a vida: exercitar o corpo e se alimentar de maneira saudável também são investimentos de longo prazo, que exigem paciência. Comer direito nem sempre parece uma boa ideia, assim como acordar cedo para ir à academia. Mas, em 25 anos, os juros disso poderão levar você a uma velhice tranquila.

Você não vai ganhar dinheiro nem saúde de um dia para o outro. Quando estiver velho, ficará grato por ter isso em mente agora. Enriquecer com investimentos depende do tempo que você espera, e não do tempo que passa comprando ou vendendo freneticamente. A paciência será algo transformador em todos os aspectos da sua vida. Esse é o centro da sabedoria tradicional em quase todos os povos e religiões: os pecados do cristianismo nada mais são do que um grande convite ao pensamento de longo prazo. O pecado da gula envolve comer demais e ficar menos saudável amanhã. A ira é tomar decisões ruins no curto prazo movido pelo ódio, que é um sentimento que o tempo amaina. A preguiça envolve não trabalhar agora e assim por diante.

Muitas pessoas pegam dinheiro emprestado para investir volumes maiores e, dessa forma, aumentar sua rentabilidade e supostamente ganhar dinheiro mais rápido.

Assim como juros sobre juros são uma maravilha quando trabalham a seu favor, também podem ser um inferno quando estão contra você. Isso é o que acontece quando pegamos um empréstimo. Evite fazer isso. Pegar dinheiro emprestado é o caminho mais rápido para a falência.

Em especial, tome muito cuidado ao investir com dinheiro emprestado, algo que só funciona em circunstâncias muito particulares. Como regra geral, nunca faça isso.

Uma coisa é investir com seu próprio dinheiro e perdê-lo. É ruim, mas sempre se pode começar de novo. Serve como lição para diversificar mais.

Outra situação completamente diferente é investir com dinheiro emprestado e perdê-lo. Você não vai voltar à estaca zero. Você vai entrar no negativo, porque terá que encontrar uma forma de pagar o banco. Se isso acontecer, vai acabar precisando vender a casa onde mora ou qualquer outro bem que tiver.

Não deixe que a ganância de ganhar um dinheiro do qual você não precisa faça você perder os bens que garantem o seu conforto.

Falo por experiência própria. Meu pai quebrou após negociar ações com dinheiro emprestado.

A gente se mudou para um apartamento bem menor. Os móveis não couberam. A mesa da cozinha foi promovida a mesa de jantar. A vista do parque deu lugar aos fundos do prédio vizinho.

Do fundo do coração, minha mãe e eu não nos importávamos. Minha mãe veio do interior de Minas Gerais e sempre viveu sem luxo. Eu era adolescente e estava mais preocupado com a escola e com jogar bola.

Meu pai, porém, considerou aquilo uma grande derrota. Entrou em depressão. Eu o vi sorrindo poucas vezes depois da falência — rindo largamente, às gargalhadas, nunca mais.

Não invista com dinheiro emprestado.

A PACIÊNCIA SERÁ ALGO TRANSFORMADOR EM TODOS OS ASPECTOS DA SUA VIDA.

PERGUNTE A SI MESMO:

› Em aspectos como alimentação ou trabalho, você acha que consegue abrir mão de prazeres de curto prazo em prol de uma vida mais confortável no futuro distante?

› Caso já seja um investidor, você tem pressa para fica rico com esses investimentos?

› Quando a Bolsa cai, você se desespera ou eventualmente até aproveita para comprar mais?

› Sua carteira de investimentos é diversificada?

RESUMO

> É muito raro conseguir enriquecer rápido com investimentos. Quando acontece, quase sempre é por sorte.

> Ações são um investimento espetacular, mas oscilam bastante a curto e médio prazo.

> Comece a comprar ações o quanto antes. O tempo pode ser mais importante do que a rentabilidade na construção da riqueza.

> Todos os pecados do cristianismo nada mais são do que um convite ao pensamento de longo prazo, da gula à preguiça.

> Não invista com dinheiro emprestado.

ACERTE 54% DAS VEZES

4

O filme *Yesterday*, de 2019, tem um ponto de partida bastante criativo. Após um apagão global de memória, todas as pessoas esquecem as músicas e a própria existência dos Beatles, exceto por um sujeito chamado Jack.

Jack, então, apresenta as músicas como se fossem suas. Ele se torna um grande sucesso da noite para o dia, o mundo inteiro reconhece sua genialidade. As pessoas se emocionam ao ouvir "pela primeira vez" músicas como "Let It Be", "Hey Jude" e "All You Need is Love".

Só que esse filme tem um problema: uma premissa muito questionável. E não estou falando do apagão global de memória.

Qual é o furo nessa história?

O filme parte do pressuposto de que o sucesso das músicas dos Beatles era inevitável. Ou seja, que elas são tão boas que sua popularidade era garantida.

Será?

———

Matthew Salganik é sociólogo e professor na Universidade de Princeton. Ele realizou um experimento que nos ajuda a responder se os Beatles teriam feito sucesso de qualquer forma.

Ele e seu grupo de pesquisadores criaram uma plataforma digital com 48 músicas absolutamente desconhecidas. Eram bandas com nomes como Hydraulic Sandwish [Sanduíche Hidráulico] e Simply Waiting [Simplesmente Esperando], das quais nunca ninguém ouviu falar.

Arranjaram 14 mil voluntários para ouvir as músicas.

Metade deles só escutou e deu uma nota. Com isso, os pesquisadores puderam fazer um ranking das melhores músicas, de acordo com a opinião dos usuários.

Mas é aí que a coisa fica interessante. Os 7 mil voluntários restantes foram divididos em oito grupos. Eles podiam ver quantos downloads cada música já tinha recebido dentro do seu grupo.

Má notícia para os Beatles: cada grupo desenvolveu seu próprio gosto musical. Músicas que faziam muito sucesso dentro de um grupo não eram baixadas por ninguém em outros.

Imagine a plataforma zerada. Então o primeiro usuário entra. Aleatoriamente, ele escuta algumas músicas. Gosta de uma. Escuta várias vezes. A segunda pessoa vê que aquela música teve mais downloads do que as outras. Resolve ouvir também. A música logo se torna campeã de downloads. Ela vira um hit da plataforma, porque as pessoas gostam de ouvir o que as outras estão ouvindo. Seu sucesso é fruto de uma pequena sorte inicial.

Na vida real, os Beatles tiveram uma grande sorte.

Em 1961, a banda estava perto de se separar. Não havia sinal de que aquilo poderia dar certo. Eles chegaram a pedir para que duas jovens fãs atuassem como suas empresárias, tentando agendar shows. Mas não era um trabalho fácil.

Até que apareceu um sujeito chamado Brian Epstein.

Foi Brian quem criou os Beatles que conhecemos. Ele foi o empresário que mudou a roupa dos Beatles, de jeans rasgados para terninhos elegantes. Os shows dos Beatles eram caóticos: eles comiam no palco, bebiam, fumavam, xingavam, batiam papo, paravam as músicas no meio. Epstein acabou com isso.

Ele tentou convencer todas as principais gravadoras britânicas a assinarem um contrato com os Beatles. Fracassou. Todas as vezes, ouviu que a banda não tinha chance de fazer sucesso. John Lennon disse depois que eles pensaram que "era o fim."

O insistente Epstein resolveu, então, lançar "Love Me Do" como um single, ou seja, uma gravação com uma música apenas. Usou o próprio dinheiro. Contra todas as expectativas, a canção virou um hit em Liverpool. Isso enfim abriu espaço para um álbum completo e para que os Beatles se tornassem os Beatles.

Como foi que Epstein descobriu os Beatles? Completamente sem querer. Ele era gerente de uma loja de discos. Um adolescente entrou no estabelecimento e pediu o disco de um cantor chamado Tony Sheridan. Epstein se interessou em ouvir o tal álbum. Os Beatles tinham feito uma espécie de trabalho freelancer tocando para Sheridan como banda de apoio — naquela época, estavam topando qualquer negócio. O incansavelmente curioso Epstein foi atrás de saber quem eram aqueles músicos. Acabou virando empresário deles.

Epstein foi o empurrão inicial de que os Beatles precisavam. E descobriu a banda por acaso.

Os Beatles poderiam ter feito sucesso de qualquer forma, sem Epstein? É impossível saber. A questão é que, quando ouvimos um hit como "Let It Be", parece que estava no destino dos Beatles ser a maior banda de todos os tempos. Isso é uma ilusão.

É curioso como um monte de gente graúda se interessou por esse tema. Eis um trecho de um artigo assinado por Cass Sunstein, um dos principais professores da Faculdade de Direito de Harvard:

"Em um aspecto importante, o filme é uma fraude. O público já conhece as músicas. Não podemos 'desouvi-las'. Enquanto assistimos ao filme, começamos em um estado de incredulidade; simplesmente não conseguimos acreditar que as pessoas estão agindo como se nunca tivessem ouvido os Beatles."

Ele afirma que o experimento de Salganik mostra que poderiam ter sido "os Honeycombs ou os Swinging Blue Jeans", bandas dos anos 1960 de que ninguém se lembra, "no lugar dos Beatles ou dos Rolling Stones".

Em um estudo posterior, Salganik enganou os voluntários: pegou as músicas menos tocadas e disse que eram as que tinham mais downloads. De repente, elas de fato passaram a ser as mais ouvidas. Salganik criou hits só por mentir que as músicas já eram hits.

Se Salganik fosse uma espécie de Deus e controlasse o mundo, poderia nos enganar dizendo que os Honeycombs foram a maior banda de todos os tempos. E então todos nós passaríamos a escutar os Honeycombs — e alguém faria um filme bizarro sobre um mundo inimaginável em que ninguém conhece as músicas dos Honeycombs.

———

Há um porém.

Você se lembra de que havia um primeiro grupo que avaliava as músicas sem estar sujeito à influência social? Eles não sabiam quantos downloads cada canção tinha. E não sabiam o que os outros estavam ouvindo. Vamos chamá-los de Independentes.

O que acontece se a gente comparar as notas que os Independentes deram para as músicas com o sucesso delas nos outros grupos, os Influenciados? Em outras palavras, a influência social responde *por todo* o sucesso de uma música?

A resposta dá um pouco de esperança na justiça do mundo.

As músicas que foram muito bem avaliadas pelos Independentes raramente foram tão mal entre os Influenciados, mesmo que começassem meio devagar. Elas podiam não chegar ao top 1%, mas muito provavelmente estariam mais acima no ranking.

Da mesma forma, as músicas que os Independentes acharam muito ruins não vingaram entre os Influenciados, mesmo que tivessem a sorte de começar bem.

Ou seja, qualidade tem importância. Mas qualidade *não garante* sucesso. É assim:

POR QUE A VIDA É DIFÍCIL
Um esquema para mostrar como este mundo é cruel

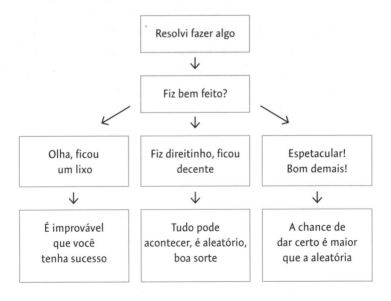

Você pode fazer uma música incrível. Pode fazer uma música mais ou menos. O estudo mostra que a música incrível tem *mais chance* de dar certo, mas nada é garantido.

Diz Cass Sunstein, o professor de Harvard: "Se uma música, um livro, um poema for horrível, não vai ter sucesso. Mas dentro de uma ampla faixa [de músicas mais ou menos], é muito difícil saber o que vai acontecer."

Talvez você argumente: mas isso é só um experimento em condições controladas. Não reflete o mundo real.

Eu vou lhe contar, então, uma das histórias mais malucas da história da música.

———

No começo dos anos 1970, um músico americano muito talentoso chamado Rodriguez gravou dois álbuns. Você nunca ouviu falar deles, a não ser que tenha assistido ao documentário *Searching For Sugar Man*, que ganhou o Oscar em 2012.

Rodriguez cantava e escrevia com Bob Dylan. É difícil não se encantar com sua música mesmo hoje. Mas, ao contrário de Bob Dylan, Rodriguez não vendeu nada, e a gravadora avisou que não tinha interesse em gravar um terceiro álbum. Rodriguez desistiu da carreira e desapareceu.

"Rodriguez, naquela época, tinha todas as cartas na mão. Grandes nomes trabalhando com ele [na gravadora], dinheiro para divulgação. As circunstâncias eram perfeitas. Por que ele não deu certo? Essa é a grande pergunta que ainda hoje me persegue", diz um produtor da época ao filme.

"Nós esperávamos muito. As músicas eram incríveis. Mas absolutamente nada aconteceu", diz outro produtor. "Como é possível?"

A informação de que Rodriguez deu um tiro na própria cabeça enquanto tocava em um bar de Detroit, em uma noite de som horrível e plateia apática, só surgiu anos depois. Provavelmente o suicídio mais simbólico da história do rock, como disse um jornalista no documentário.

Mais ou menos nessa época, alguém — ninguém sabe quem — levou um dos álbuns dele para a África do Sul.

Essa pessoa mostrou para os amigos. Que mostraram para os amigos. Começaram a circular cópias piratas. Centenas. Milhares.

Estamos falando da África do Sul do apartheid, ou seja, um país sob um terrível regime de segregação racial entre brancos e negros. A África do Sul estava sujeita a todo tipo de sanções internacionais. Era um país muito isolado. Os jovens brancos viviam em uma bolha. A trilha sonora dessa bolha se tornou Rodriguez.

Uma das músicas, chamada "I Wonder", se tornou o hit de uma geração:

I wonder how many plans have gone bad
I wonder how many times you had sex
I wonder do you know who'll be next
I wonder[2]

Diz um músico sul-africano ao documentário:

"Eu me lembro de estar no ensino médio e apareceu essa música dizendo 'eu me pergunto quantas vezes você já transou'. Naquela época, a África do Sul era muito con-

---

2 | Eu me pergunto quantos planos deram errado
Eu me pergunto quantas vezes você já transou
Eu me pergunto se você já sabe quem será o próximo
Eu me pergunto

servadora. Era o auge do apartheid. Não havia nem TV, porque a TV era considerada uma coisa comunista. Você não ia acreditar: tudo era restrito, tudo era censurado. E então aparece esse cara cantando. Ele virou nosso ícone rebelde. Todo mundo que eu conhecia tinha os álbuns dele. Todo mundo. Mas ninguém sabia quem era Rodriguez. Ele era um mistério."

O governo sul-africano proibiu que algumas músicas de Rodriguez tocassem na rádio. Isso obviamente só fez o cantor ter ainda mais sucesso: estima-se que as gravadoras do país tenham vendido mais de 500 mil álbuns do cantor. Isso é mais do que os Rolling Stones ou quase todas as grandes bandas venderam na África do Sul. Nunca houve pagamento de royalties para quem quer que fosse da família de Rodriguez.

Nos anos 1990, um jornalista e o dono de uma loja de discos começaram a tentar entender como afinal Rodriguez tinha morrido. Era verdadeira a história do suicídio no palco?

Os dois passaram anos tentando encontrar uma resposta, até que encontram o telefone de um dos antigos produtores dele, agora aposentado.

"Morto?", disse ele. "Rodriguez está vivo."

O homem morava (e ainda mora) em Detroit, trabalhando em uma empresa de demolição e restauração de casas. A história de que ele havia se matado não passava de boato.

Em um mundo pré-internet, Rodriguez não tinha ideia de que fazia sucesso na África do Sul há 25 anos. Em 1998, ele finalmente foi levado ao país. Suas três filhas, já adultas, foram junto.

No aeroporto, Rodriguez e as filhas foram surpreendidos por fotógrafos, jornalistas, limusine e um tapete branco. No caminho do hotel, outdoors anunciavam os shows de Rodriguez. Era um mundo paralelo.

Antes de o show começar, a plateia estava entre eufórica e incrédula. Um ginásio lotado aguardava Rodriguez. O baixista começou a tocar. E então o baterista. Entra Rodriguez. Mais de cinco minutos de gritos e aplausos. Baixista e baterista precisaram parar de tocar. Então Rodriguez enfim se aproximou do microfone. Ele mal precisava cantar. A plateia cantava por ele: "I wonder..."

Até pouco tempo antes, parecia que ninguém nunca tinha ouvido falar daquelas músicas. Agora Rodriguez estava cantando para dezenas de milhares de pessoas que conheciam os seus dois álbuns inteiros, do começo ao fim. Ele não chorou, não se exaltou, e parecia feliz. Sobre esses 25 anos, disse apenas uma frase: "Obrigado por me manterem vivo."

Após o show, ele ficou horas dando autógrafos. Lá pelas tantas, um sujeito pediu para lhe mostrar o braço. O homem havia tatuado a capa do disco de Rodriguez.

Assim como nos experimentos de Salganik, nesta história havia diferentes grupos. Um era composto pelo público americano. Outro pelo sul-africano. Rodriguez era sem dúvida muito bom. Isso não o impediu de fracassar nos Estados Unidos. Na aleatoriedade do mundo, porém, o mesmo sujeito se tornou uma estrela na África do Sul ao longo de décadas. Sem fazer nenhum esforço para isso. Sem sequer saber.

Poderia perfeitamente haver um universo paralelo em que Rodriguez ganhou o Prêmio Nobel de Literatura, enquanto Bob Dylan é um ex-cantor que trabalha com demolição em algum lugar de Minnesota.

São as pequenas sortes e os pequenos azares da vida.

SER MUITO BOM AUMENTA A PROBABILIDADE DE SUCESSO, MAS NÃO O GARANTE.

Isso vale para quase tudo.

Ir muito bem em uma entrevista de emprego, na média, aumenta a probabilidade de ser chamado para a vaga. Mas não garante que em uma situação específica você vai ter sucesso.

Outro exemplo, do esporte. Em novembro de 2012, o Barcelona jogou contra o Celtic, da Escócia.

O Barcelona estava no seu melhor momento. Liderado por Messi, havia sido campeão da Champions League, o principal campeonato europeu, em 2009 e 2011. Também em 2011, havia sido Campeão do Mundo, após vencer o Santos por 4 a 0.

Messi havia sido eleito o melhor jogador do mundo em 2009, 2010, 2011 e voltaria a ganhar em 2012. Já o Celtic não vence uma Champions League desde 1967. É bem verdade que o Celtic já ganhou o Campeonato Escocês 51 vezes, mas há mais de 50 anos não consegue vencer nada maior que isso.

Estas são as estatísticas daquele jogo:

Celtic	vs.	Barcelona
5	Finalizações	23
5	Chutes a gol	14
11%	Posse de bola	89%
166	Passes	955

O Barcelona esteve com a bola 89% do tempo da partida. Chutou quase cinco vezes mais. Sabe quanto foi o jogo?

O Celtic ganhou de 2 a 1. O Barcelona chutou na trave, o goleiro do Celtic fez uma defesa impossível, o time espanhol quase fez uma dezena de gols. Mas o *quase* não importa.

O Barcelona é muito melhor que o Celtic. Rodriguez era ótimo cantor. Mas às vezes é o Celtic quem ganha e um Rodriguez abandona a música.

O que podemos concluir daí? Que o futebol é injusto? Que a música é injusta? Que a vida é injusta? Que acabou a cerveja da Escócia naquela noite de 2012?

Com exceção da última pergunta, não é bem assim. A grande lição aí é que mesmo quem é muito bom também erra, também perde. Todos estamos sujeitos ao fracasso. Isto é fundamental: a taxa de acerto nunca é 100%. Muita coisa vai dar errado na sua vida. E muitas vezes você não vai nem saber explicar, porque fez tudo certo. Tem dias em que a bola simplesmente não entra. E tudo bem!

Você pode ter imenso sucesso mesmo que muita coisa dê errado.

No capítulo anterior, falamos sobre ações, sobre como algumas delas vão fracassar (e tudo bem). Isso vale também para a vida. Você pode ter imenso sucesso mesmo que muita coisa dê errado. Vou dar outro exemplo do esporte.

Para muitas pessoas, Roger Federer foi o melhor tenista de todos os tempos.

Uma partida de tênis é composta de pontos. Qual porcentagem dos pontos que ele disputou na carreira você acha que ele ganhou?

Talvez uns 80%, dado que ele é um dos melhores de todos os tempos? Pelo menos uns 70%, vai?

Ele ganhou 54% dos pontos que disputou. Ou seja, de cada 100 vezes que começou uma disputa por um ponto, ele perdeu 46. Ainda assim, teve um sucesso avassalador.

Compare Federer com os tenistas profissionais que competem internacionalmente, mas nunca ganharam um Grand Slam, que é como são chamados os campeonatos mais importantes do tênis. Esses tenistas ganham cerca de 51% ou 52% dos pontos. A diferença entre ser considerado um gênio e ser um atleta competitivo mas sem troféu, e em boa medida desconhecido, consiste em acertar dois pontos percentuais a mais das bolas.

A escola falha em nos educar para a realidade da vida. Um bom aluno quer ter um currículo impecável cheio de notas 10. Mas a vida não é assim.

Em qualquer coisa na vida, a taxa ótima de fracassos não é zero. Se você nunca foi rejeitado em uma entrevista de emprego ou nunca levou um fora, é bem provável que seja mais medroso do que brilhante.

No mundo corporativo, as melhores empresas erram muito. A Amazon certa vez inventou um tal de Fire Phone para competir com o iPhone. O mundo se divide em dois grupos: quem ficou constrangido com o produto e quem não viu. E daí? A Amazon ainda é a Amazon, mesmo com esse erro. Mais do que isso: é provável que os acertos só existam porque ela se permite tentar e, eventualmente, errar.

É importante que você entenda que somos falhos, ou seja, que os seres humanos estão o tempo todo fracassando. E não há problema nisso!

Todo dia é o primeiro dia. Isso quer dizer o seguinte: todo dia o jogo começa de novo. Você tem milhões de caminhos à sua frente. Não há um ponto de chegada, não há uma versão final de nós mesmos.

A busca pelo aprimoramento é eterna. A jornada tem que ser prazerosa por si só. Existe uma expressão consagrada em francês para descrever isso: *Le gout de l'effort*, o gosto pelo esforço, o prazer da dificuldade.

Deixe-me falar uma coisa importante sobre o fracasso. Imagine uma disputa de pênaltis entre Corinthians e Palmeiras.

Um jogador do Corinthians chuta fraquinho e no meio. Ele faz o gol mesmo assim. A torcida comemora. O palmeirense chuta forte e no canto, mas o goleiro pega. Vitória do Corinthians.

Isso quer dizer que o jogador do Corinthians estava certo e o do Palmeiras errado? Não! O resultado pode esconder muita coisa. Chutar fraco e no meio é perigoso, porque é mais fácil para o goleiro pegar a bola assim. Chutar forte e no canto é o certo. Na maior parte das vezes, você vai fazer mais gols chutando do segundo jeito em relação ao primeiro. Mas a maior parte das vezes não significa sempre...

O que eu quero dizer é o seguinte: a maioria das pessoas avalia a qualidade de uma decisão pelo resultado obtido. Acho isso um erro grave. Um resultado pontual não diz nada. Quem me ensinou isso foi o técnico do time de futebol da minha escola, o professor Vanderlei, que preferia que o time perdesse o gol batendo direito na bola do que marcasse sem querer chutando meio errado. Aquele era o único time do mundo em que o jogador levava bronca após ter marcado, mas ele estava certo.

É por isso que você tem que confiar no processo. O Federer sabe que vai perder muitos pontos, mas sabe, acima de tudo, que, pela média, ele vai ganhar. A sua responsabilidade é estar preparado. Talvez você conquiste o emprego, a namorada, a vaga na universidade. Talvez não. A pergunta é: você fez tudo certo? Se fez e ainda assim não conseguiu, paciência. Foi só um azar. Não sofra por isso.

Por isso mesmo, tome muito cuidado com quem tem resposta para tudo. Comentaristas de TV, economistas, jornalistas... O mundo é um lugar difícil de entender.

É um pouco natural, na juventude, se impressionar com pessoas muito confiantes e carismáticas, cheias de certezas. Talvez elas digam que sabem exatamente o que vai acontecer: "Tenho um plano de negócios que mostra como essa empresa vai se sair", ou quem sabe, "entendo muito de política e sei exatamente quem será eleito."

Tome cuidado. Acima de tudo, tente evitar ter muitas certezas. Há uma longa tradição filosófica chamada ceticismo, que remete ao próprio Sócrates: "Só sei que nada sei."

Não sabemos nem o que queremos.

Nietzsche insistiu muito numa ideia chamada *amor fati*: amor ao fado, ao destino. Receba como um presente, como uma oportunidade, cada coisa que se coloca diante de você, mesmo que a princípio pareça algo ruim. Pode ser a chance da sua vida.

A consequência disso é que não vale a pena entrar em pânico. É óbvio que a vida é cheia de notícias ruins. Doença, perda de alguém amado, falência — nada disso vem para o bem.

Muita coisa, porém, parece ruim, mas nos permite descobrir quem somos. Uma demissão pode virar a coragem de mudar de carreira ou empreender. Uma mudança indesejada de cidade nos põe no caminho de um novo amor. A desistência de um amigo nos faz ter a melhor viagem da vida sozinhos.

No mercado financeiro, grandes quedas no preço das ações são inevitáveis, e muitas vezes podem ser revertidas.

Algumas são, na verdade, oportunidades de compra. O desespero de hoje pode ser a alegria de amanhã.

Mas isso vale para a vida de modo muito mais abrangente.

A história do nascimento do meu filho João é o maior exemplo disso. Ele foi fruto de uma gravidez imprevista. Eu não era casado com a mãe dele, e só soube que seria pai quando a gravidez estava bastante avançada.

Eu tinha 25 anos. Estava quebrado. A Empiricus ainda não tinha dado certo. Estávamos vendendo os móveis do escritório para pagar o salário dos funcionários. Chegamos a vender os adaptadores de tomada pela internet.

Lembro de todo aquele desespero. Por que isso está acontecendo comigo? Como vou cuidar dessa criança? Por que não fiz tudo diferente?

Agora, penso na minha vida antes dele e nem sei qual era o propósito dela. As tardes de sábado antes de poder jogar futebol ou videogame com meu filho, aos olhos de hoje, parecem tão vazias que não sei como as suportei. Se eu pudesse voltar no tempo, diria para mim mesmo: você recebeu o melhor presente do mundo e não está enxergando.

Por outro lado, as coisas que mais desejei na vida não trouxeram a felicidade que imaginei que trariam. Nós não sabemos bem o que queremos. "Se eu ganhasse na loteria", "se eu conquistasse a pessoa amada", "se eu morasse em Paris". Aspiramos a coisas grandes, só para consegui-las e descobrir que na verdade não era bem isso que queríamos. Há uma diferença muito grande entre o que queremos e do que precisamos. Isso está nos desenhos que as crianças assistem: o Woody de *Toy Story* quer continuar sendo o brinquedo favorito de Andy para sempre, mas o que ele *precisa* é aprender a dividir e se abrir para ter amigos — no caso, Buzz. O filme consiste nessa descoberta.

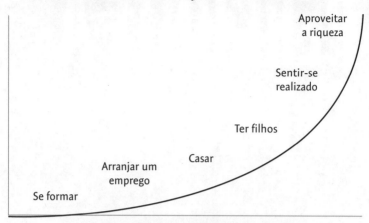

Você vai ver que as coisas mais importantes da nossa vida são sempre imprevisíveis e fora dos padrões. Metas e objetivos são fundamentais, mas servem mais para nos dar uma direção na vida do que constituir de fato um destino final. Nossa trajetória nunca é como imaginamos. Mesmo que você seja um caubói de brinquedo.

PERGUNTE A SI MESMO:

> Como você reage aos fracassos: aceitando que são parte da vida ou sofrendo excessivamente?

RESUMO

> O sucesso é fruto de muita aleatoriedade. Pequenas sortes ou pequenos azares fazem toda a diferença.

> Ser bom no que faz aumenta a sua chance de fazer dar certo, mas nada é muito garantido.

> É preciso abraçar o fracasso. Se sua taxa de sucesso em qualquer coisa é 100%, você não está se expondo o suficiente.

> O processo é mais importante do que o resultado. O gol é mera consequência.

> Ninguém sabe exatamente o que quer. Você vai sofrer com muitos acontecimentos que se revelarão maravilhosos a longo prazo.

ASSUMA A RESPONSA-BILIDADE

5

uponha que você faça um teste genético e receba a informação de que tem propensão a desenvolver alcoolismo. Há uma fatia da população que tem essa tendência: são pessoas que, se começarem a beber, terão grande dificuldade de parar e podem ter sua vida destruída. Você teve azar.

Alertado do risco, você tomaria medidas para evitar a dependência. Seria cuidadoso com a bebida. Talvez decidisse não beber. Isso resolveria o problema.

Com o avanço da medicina e da genética, poderíamos trazer esse tipo de informação quanto a diversas doenças. Algumas pessoas são mais propensas à depressão. Se souberem disso, elas podem tomar mais cuidado com diversos aspectos da vida que diminuem esse risco: fazer exercícios, dormir o necessário, evitar trabalhos estressantes demais, manter boas relações sociais.

Muitos problemas poderiam ser resolvidos se a gente alertasse as pessoas sobre as suas vulnerabilidades.

Só que um professor da Universidade de Columbia descobriu que isso é uma grande bobagem.

———

Matthew Lebowitz e seus colaboradores reuniram centenas de voluntários que se submeteram a um teste de DNA a partir da saliva. A alguns, disseram que tinham um gene que aumentava o risco de alcoolismo. Era uma informação falsa: o teste era fictício. O objetivo dos pesquisadores era saber como os voluntários lidariam com a informação.

Os pesquisadores tinham duas possibilidades em mente: as pessoas poderiam ser responsáveis, passando a beber menos, ou poderiam ignorar a informação, tocando a vida como sempre, ao estilo "que se dane".

Mas o que aconteceu foi surpreendente.

Os voluntários não decidiram tocar a vida como sempre. Eles passaram a querer *beber mais*.

Eles começaram a ver o álcool como seu destino inevitável. É como se dissessem: "Não tem jeito, não posso lutar contra minha natureza."

Os pesquisadores repetiram o estudo, agora dizendo que os voluntários tinham tendência à depressão.

Então, eles passaram a de fato se sentir mais infelizes. Perderam a confiança em sua capacidade de controlar as próprias emoções. Desanimaram dos exercícios físicos. O espírito era: "Não faz diferença, tem algo errado com o meu cérebro." Lembraram de momentos de tristeza do passado e passaram a encarar aquilo como um sinal de sua condição, na linha "é, nunca fui muito feliz mesmo".

Ou seja, você é rotulado como potencialmente depressivo, acredita nisso e, então, realmente se torna depressivo. "É uma profecia que se autorrealiza", diz Lebowitz.

Em todos os casos, é claro, os pesquisadores explicaram pouquíssimo tempo depois para os voluntários o que estava acontecendo, de modo a desfazer as percepções causadas.

Há agora uma longa lista de estudos como esse. Dizer para as pessoas que elas têm propensão à ansiedade as deixa de fato ansiosas, por exemplo. Achar que têm tendência à obesidade faz as pessoas comerem mal e engordarem. Em todos os casos, você está inserindo um elemento de descontrole em relação ao que as pessoas podem fazer para mudar o próprio destino. Se elas se convencem, elas passam a aceitar essa falta de controle.

TENHA MUITO CUIDADO COM AS COISAS EM QUE VOCÊ ACREDITA.

Todos nós temos muitas crenças a respeito de quem somos. Desde muito cedo.

Norman Garmezy foi um professor de psicologia da Universidade de Minnesota e um dos maiores especialistas em desenvolvimento infantil que já existiram.

Nos anos 1960 e 1970, ele ia de escola em escola e pedia para conversar com o diretor. Sempre fazia a mesma pergunta: "Tem alguma criança aqui com uma origem familiar complicada, problemática, mas que tenha surpreendido, que tenha ótimas notas e bom convívio com os outros alunos, que tenha se tornado uma fonte de orgulho para você?" Nas palavras dele:

"A história que mais me tocou foi a de um menino de nove anos cuja mãe era alcoólatra. O pai tinha desaparecido. O menino estava basicamente por conta própria. Ele fazia seu próprio sanduíche em casa para levar para a escola. Como não tinha muita comida na geladeira, juntava dois pedaços de pão sem nada no meio. Perguntei a razão e ele disse que fazia isso porque não queria que ninguém sentisse pena dele ou que soubessem da inaptidão da sua mãe."

A maioria das crianças expostas a famílias disfuncionais acaba desenvolvendo sérios problemas de aprendizado ou comportamento. Muitos se envolverão em casos de delinquência, terão problemas de saúde mental ou entrarão para as estatísticas de gravidez na adolescência. Norman queria entender por que algumas escapavam desse destino. Infelizmente, o Alzheimer encerrou sua carreira antes que ele pudesse encontrar respostas.

No entanto, a questão intrigou outros pesquisadores. Já no fim dos anos 1980, Emmy Werner, da Universidade da Califórnia em Davis, calculou que um terço das crianças que cresceram em condições familiares adversas se tornam "adultos competentes, confiantes e amorosos", bem-sucedidos tanto na escola quanto na vida profissional.

O que eles têm de tão diferente?

———

A resposta óbvia seria que essas crianças são as mais inteligentes. A maior facilidade de aprendizado ajudaria na adaptação à escola, compensando sua falta de estrutura familiar ou quaisquer outros traumas. Gente brilhante acaba dando um jeito.

Mas os pesquisadores mediram a inteligência desses meninos e meninas e perceberam que eles não eram particularmente especiais ou mais talentosos.

O que Werner descobriu foi que essas crianças tinham crenças diferentes. Apesar de todas as desgraças pelas quais tinham passado, achavam que eram elas, e não as suas circunstâncias, que definiriam suas realizações. Em outras palavras, essas crianças acreditavam que estavam no comando da sua vida e do seu destino.

É cruel impor tal fardo a uma criança: ninguém com 9 anos deveria se preocupar em achar um jeito de se motivar em meio ao caos familiar. Nenhuma criança deveria passar por isso. Mas, como adultos, deveríamos aprender com essas crianças.

Os pesquisadores chamam isso de "locus interno de controle", ou seja, a crença de que o controle da nossa vida está dentro de nós, não fora. Pessoas que acreditam nisso se opõem àquelas com "locus externo de controle", que acham que tudo que lhes acontece é culpa dos outros e não há nada a fazer.

Um estudo da ONU com 1 milhão de pessoas em 80 países mostrou que o "locus interno de controle" é o principal preditivo da felicidade de alguém. Os "internos" vivem entre 2,5 e 7 anos a mais do que os "externos".

Nossas crenças são tão poderosas que se tornam verdade.

Se você achar que é um profissional excepcional, não vai aceitar fazer nada mal feito — afinal, não condiz com a sua identidade. Se acreditar de verdade que é uma pessoa atlética e saudável, vai se sentir traindo a si mesmo caso não faça exercícios ou engorde. "Este não sou eu", você diz a si mesmo. Percepção é realidade.

O professor Stephen Nowicki, da Universidade de Emory, resumiu o comportamento dos "internos" em cinco tópicos:

1 > "A responsabilidade é minha. Se deu errado, eu assumo. Se sou chefe, não culpo minha equipe. Vamos aprender com o erro."

2 > "Vou persistir. Se o problema estivesse nos outros ou na sociedade, não haveria por que tentar de novo: não vou mudá-los. Mas, se o problema sou eu, posso lidar com isso."

3 > "Sou voltado para o longo prazo. Se eu fizer tudo certo, vou ser recompensado no momento correto. Se eu treinar todo dia, serei saudável. Se eu investir, terei dinheiro."

4 > "Preciso continuar a aprender o tempo todo. Quem acha que o sucesso é fruto de sorte não precisa se preparar. Eu preciso."

5 > "Gosto de questionar e não aceito autoritarismo alheio. Não deixo que os outros decidam por mim. Eu tomo conta de mim mesmo."

Uma forma de enxergar isso é pensar que todos nós contamos a nossa história na nossa cabeça. Somos a única espécie que conta histórias, e fazemos isso desde crianças: "Agora eu sou o policial e você é o ladrão"...

Todas as histórias já contadas têm os mesmos personagens: um herói protagonista, um vilão, uma vítima, um mentor que ajuda o herói.

Quase ninguém se encara como o vilão da própria história. Até o mais asqueroso dos bandidos acredita, no íntimo, que tem suas próprias razões para agir da maneira que age. Mas muita gente se coloca no papel de vítima.

É como escreveu uma pesquisadora de literatura em Stanford:

"O protagonista de um livro best-seller é uma pessoa com energia. São tipicamente personagens com propósito, capacidade e certeza. São corajosos e confiantes. Os leitores querem alguém que faça e não espere. Já os protagonistas de menos sucesso costumam murmurar e hesitar. Personagens de livros que vendem menos são mais passivos. O leitor fica com a impressão de que o mundo os cria, não de que eles criam o mundo. São pessoas mais negativas."

A RODA DAS CRENÇAS
*Dinheiro gera paz de espírito,
paz de espírito gera dinheiro*

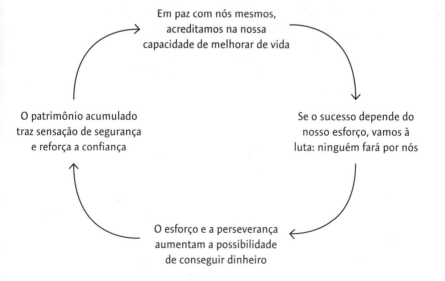

O herói não fica se lamentando. Harry Potter enfrentou as maiores desgraças, inclusive a morte dos pais, mas não lamentava seu destino ou sentia pena de si mesmo. Foi atrás de vencer as forças do mal. É por isso que a gente ama o Harry Potter e torce por ele.

Se você tiver a mentalidade de vítima, vai acabar sem gostar muito de si mesmo. Você desprezará o protagonista da sua própria vida. Na vida, você precisa torcer por si mesmo.

———

"Espera aí", você diz.

"Você passou o último capítulo inteiro me dizendo que a vida é cheia de sorte e azar. Que há muita aleatoriedade, que não sabemos muito bem o que vai acontecer. E agora me diz para viver como se eu estivesse no controle de tudo?"

Esta talvez seja a afirmação mais contraintuitiva: existe muita sorte e muito azar, mas você precisa agir como se tudo dependesse de você. Até porque a existência de sorte não implica que o sucesso seja totalmente fruto do acaso. Você pode aumentar a sua sorte. O Federer só ganha 54% dos pontos. E ele não para de treinar por causa disso.

Mais do que isso: você pode se deparar com as maiores injustiças do mundo. Talvez você descubra que seu cônjuge quer largar você para viajar a Cancun com o novo amor. Talvez seu chefe o demita sem motivos para dar seu cargo a alguém com quem ele tem um caso.

Essas coisas certamente vão fazer você se sentir infeliz. É provável que você culpe seu cônjuge ou o chefe por sua infelicidade.

Mas só você pode ser responsável pela sua felicidade. Ficar dizendo o quanto os outros são pessoas horríveis não vai melhorar nada. Arranje outra pessoa. Preste mais atenção nos traços de caráter. Vá atrás de um emprego melhor. Ninguém vai cuidar da sua vida por você. Ninguém vai driblar o azar por você.

Ainda com relação à sorte, perceba que alguns empreendedores criaram não apenas uma empresa de sucesso, mas várias. Steve Jobs fez coisas tão diferentes quanto a Apple e a Pixar, estúdio de filmes como *Toy Story*, *Procurando Nemo* e vários outros. Elon Musk criou empresas no setor de pagamentos (PayPal), carros elétricos (Tesla) e exploração espacial (SpaceX).

Talvez eles sejam sortudos em série? Talvez. Mas quem sabe onde quer chegar ajuda a própria sorte, enquanto ser negligente favorece o azar.

A missão de um jogador nunca é conquistar o ouro. É impossível garantir isso. A missão dele é devolver aquela camisa maior do que recebeu. Ajudar o time a evoluir. Pegar no ponto A e entregá-la no ponto B, bem mais adiante.

Em 2016, a seleção de futebol da Islândia conseguiu uma classificação inédita para a Eurocopa. O país tem só 300 mil habitantes: perde para mais de 70 municípios brasileiros. O técnico era um dentista do país. O goleiro era um cineasta e o lateral-direito trabalhava em uma fábrica de sal. Um dos jogadores disse que olhava para a arquibancada e conhecia "tranquilamente cerca de 50% dos torcedores".

A Islândia, até hoje ninguém sabe como, empatou com Portugal e Hungria e ganhou da Áustria e da poderosa Inglaterra. Caiu nas quartas de final contra a França, em um jogo assistido por 99,8% dos islandeses — todo mundo que não estava em coma. Foram recebidos como heróis, é óbvio. Entregaram a camisa muito além de onde a receberam. Quem se importa se não ficaram em primeiro lugar?

Isso vale para a nossa vida. Você chegou ao mundo em determinadas condições. Família rica ou família pobre. Vida fácil ou vida difícil. O ponto de partida é um dado. Sua missão é dar a si mesmo e aos seus filhos uma vida melhor. É superar as expectativas que havia sobre você. O imigrante que se muda para um país desconhecido, enfrenta a miséria, trabalha duro e manda os filhos para a faculdade merecia o mesmo carro de bombeiros e a mesma festa que receberam os jogadores islandeses.

Você tem que confiar que só depende de você. "Ah, isso é autoajuda barata, é picaretagem, não tem nada de científico nessa bobagem de acreditar." Bom, então diga ao maior físico americano de todos os tempos, o prêmio Nobel Richard Feynman, que o seu método de trabalho é anticientífico:

"Minha abordagem é me enganar achando que conto com uma chance extra em comparação aos outros. É como os africanos que iam para a batalha batendo tambores e se exaltando. Falo comigo mesmo e me convenço de que o problema pode ser abordado pelos meus métodos e que os outros caras não estão sabendo fazer a coisa direito. Fico dizendo isso e vou me entusiasmando.

A questão é que, quando existe um problema de difícil resolução, é necessário trabalhar por longos períodos e ser persistente. Para ser persistente, é preciso estar convencido de que vale a pena trabalhar tão duro, de que você vai chegar a algum lugar. E isso requer, em certa medida, enganar um pouco a si mesmo."

Isso sim é que é "locus interno de controle."

Tem gente que culpa os outros até quando chuta a quina da mesa. "Quem foi o idiota que colocou essa mesa bem no caminho?"

É um pouco como as pessoas que dizem "eu tenho doutorado, estudei muitos anos, mas sou injustiçado porque ganho muito pouco". Ou como quem vive dizendo "eu trabalho muito, mas não sou reconhecido pela empresa".

É o "locus externo" em seu auge: quem diz isso acredita que os donos da empresa são vilões que ficam com todo o dinheiro para si, sem dividir o lucro com os funcionários.

A questão é que o salário é como um preço qualquer. Vamos pensar no preço de uma casa. Por que uma determinada casa custa 500 mil reais? Claro que o vendedor preferiria receber 1 milhão, ou 10 milhões, ou 1 trilhão de reais. E claro que o comprador preferia pagar 300 mil, ou 100 mil, ou de preferência nada.

Se o vendedor pudesse receber mais de outra pessoa, venderia para ela. Se o comprador pudesse pagar menos por outro imóvel semelhante, iria atrás dele. O preço de mercado é o valor exato em que a vontade de pagar o mínimo possível e a vontade de receber o máximo se encontram.

O mesmo vale para o salário. Se você pudesse receber muito mais em outro lugar, estaria lá. Se a empresa pudesse pagar menos para alguém que fizesse exatamente seu trabalho, contrataria essa pessoa.

Pode haver ineficiências. Talvez você tenha se tornado um profissional melhor com o tempo, que poderia encontrar um emprego com salário mais alto, mas a empresa não reconheça isso quando você pede um aumento. Se for o caso, vá ao mercado de trabalho e prove o seu valor arrumando algo melhor.

Mas, como regra geral, o salário é um preço como qualquer outro. Não é um ato de generosidade (ou mesquinhez) da empresa.

A maior parte das pessoas não quer admitir isso porque a consequência é dolorosa: se o seu salário é baixo e você não consegue aumentá-lo, talvez a culpa seja mais sua do que da empresa onde trabalha. Talvez você seja facilmente substituível. Talvez o que faz infelizmente não seja importante onde você trabalha: algumas funções são mais decisivas do que outras, paciência. Talvez você tenha estudado por muitos anos alguma coisa que não tem muito valor para o mundo. Seu poder de barganha é pequeno.

O mais importante é saber isto: passar a vida reclamando do chefe e sofrendo nos domingos à noite é muito deprimente. Isso deixará você estressado, infeliz e o matará pouco a pouco. Assuma o controle do seu destino e busque uma atividade em que realmente possa fazer a diferença. (E, como eu disse antes, poupe dinheiro para que você não tenha que aceitar qualquer emprego que aparecer.)

Quando você se casar, não fique dizendo como a vida seria melhor se seu parceiro fosse diferente. Mais do que abandonar a ilusão de que você conseguiria mudar seu cônjuge, você deve abandonar a ilusão de que você *deveria* mudar seu cônjuge.

A pergunta importante é outra: o que *você* pode fazer para que ele ou ela seja mais feliz? (Se não há nada, se o amor acabou, então é melhor a separação amigável do que a eterna troca de acusações.)

Muitas vezes você vai acreditar que seu cônjuge se importa demais com bobagens. "É só uma toalha fora do lugar." A tentação de convencer a outra pessoa de que ela está reagindo de forma irracional pode ser grande.

Por favor, não faça isso.

Talvez a pessoa apenas esteja exausta — especialmente as mulheres, e não é sem razão que 70% dos divórcios sejam iniciados por elas. Talvez viver em um ambiente organizado seja importante para seu cônjuge. Talvez ele apenas esteja se sentindo desrespeitado: já pediu para você não fazer isso, e você continua fazendo. Ou seja, a toalha pode ser símbolo de algo maior: a impressão de que você não está nem aí para as coisas que a outra pessoa pede, e não há nada de irracional em se sentir irritado.

No fundo, todas as questões, mesmo as menores, tem a ver com confiança. Começar uma guerra acusando o outro de maluco não vai exatamente aumentar a confiança. O que leva os casais ao divórcio é menos o "você não me ama mais" do que o "você não me entende".

Na vida, quando você fizer alguma bobagem ou cometer algum erro que prejudique os outros, diga o que aconteceu sem rodeios. Você será muito mais respeitado assim do que tentando mascarar o problema.

O maior problema da mentalidade "sou como sou, o mundo é que não me ajuda" é que ela é imobilizante. Em oposição a isso, tente pensar da seguinte forma: o que sou hoje é um rascunho do que posso ser amanhã. Tenha a ambição de resolver a própria vida. Você sentirá mais orgulho de si mesmo e será mais feliz assim.

Muita gente se coloca no banco de passageiro da própria vida e depois se surpreende ao descobrir que é infeliz ou que tem dificuldade para ser amada. Não deveria surpreender: ninguém quer conviver com quem só sabe sentir pena de si mesmo. Esteja no controle.

Por fim, não leve críticas honestas para o lado pessoal. Nunca entre na defensiva. Na vida, é muito difícil conseguir feedback sincero e de qualidade. A maior parte das pessoas com quem você vai interagir estará em um destes dois extremos: serão animadores de torcida que elogiam qualquer coisa ou amargurados pessimistas que acham defeito em tudo.

Encontrar alguém ponderado e inteligente que aponte melhorias factíveis no seu trabalho ou no seu comportamento, de um jeito educado porém direto, é uma benção. Aceite o tapa na cara como um presente do mundo que o ajudará a se tornar uma pessoa melhor. "Você consegue fazer melhor do que isso" tem muito mais valor do que "tudo que você faz é perfeito", por mais que no curto prazo doa mais.

As críticas que mais machucam são aquelas que, no fundo, sabemos que são verdadeiras. Tire proveito delas para buscar autoconhecimento.

PERGUNTE A SI MESMO:

> Quando algo dá errado, sua tendência é assumir a responsabilidade ou imediatamente botar a culpa em alguém?

> Você gosta de tomar as decisões ou sente um alívio inconfessável quando alguém decide por você?

> Se você é casado, o que poderia fazer agora para que seu cônjuge seja mais feliz? Pense em algo que dependa só de você.

> Como você lida com as críticas?

RESUMO

> Não sinta pena de si mesmo. Não se trate como vítima. Não se coloque no banco de passageiro da própria vida.

> Cuidado com as coisas em que você acredita sobre si próprio. Percepção é realidade.

> Existe sorte, existe azar. Sabendo disso, aja como se só dependesse de você. Sua missão é possibilitar a si próprio e a sua família uma vida melhor em comparação com o seu ponto de partida.

> Ponha-se no lugar do seu cônjuge. Nunca é só uma toalha fora do lugar. É muito mais grave: é a percepção de que não dá para contar com você.

> Na vida, é muito difícil conseguir críticas sinceras e de qualidade. Se lhe for dada essa oportunidade, aproveite.

6 CORRA RISCOS ENQUANTO É TEMPO

F oi em 1967. O Brasil já estava sob governo militar. Uma grande marcha foi organizada em São Paulo. Os manifestantes sairiam do Largo de São Francisco, no centro, e subiriam a avenida Brigadeiro.

À frente da manifestação, artistas como Elis Regina e Gilberto Gil. Centenas de pessoas tomaram as ruas.

O mote do protesto: "Abaixo a guitarra elétrica."

Sim, a guitarra elétrica.

A Marcha Contra a Guitarra Elétrica, como ficou conhecida, defendia a pureza dos violões contra o som distorcido e selvagem das guitarras. Bandas inglesas de rock como os Beatles, os Rolling Stones e The Who começavam a tocar mais e mais no mundo todo e alguns brasileiros (atrocidade das atrocidades!) começavam a imitá-los. O principal era Roberto Carlos — talvez ele não pareça exatamente um roqueiro hoje, mas aquela era uma época confusa. Roberto era o rei da "música jovem", em oposição à mais tradicional MPB.

Os manifestantes demandavam nada menos do que a proibição da guitarra elétrica no país. É preciso sonhar grande.

Caetano Veloso foi convidado, mas não quis participar. "Isso daí foi maluquice de Gil", diria ele décadas depois. "Uma coisa horrível. Parecia uma passeata fascista."

Toda geração se ressente dos gostos da geração seguinte. Música jovem é sempre meio detestável, exceto pelo fato de que a música jovem de hoje é a música de tiozão de amanhã.

Um estudo com dados do Spotify mostrou que as pessoas param de ouvir músicas novas aos 33 anos, embora esse processo de rejeição à novidade comece alguns anos antes. (Uma playlist no YouTube chamada "Músicas dos anos 1980 que meu pai escuta até hoje" já teve 9 milhões de visualizações, o que demonstra que o tal pai não está sozinho. Melhores faixas: "Take on Me", do A-ha, e "Every Breath You Take", do The Police.)

Ou seja, é difícil em termos artísticos determinar o que é "música boa", mas as pesquisas indicam que uma definição adequada é esta: "aquela que a pessoa que fala ouviu dos 15 aos 30 anos".

Não é só música. Toda nova tecnologia tende a ser rejeitada pelos mais velhos. A geração que levou bronca por ficar muito tempo na frente da TV implica com os filhos por causa do computador. Pais que cresceram com computadores acham que o problema é o celular. Se voltarmos no tempo o suficiente, encontraremos Platão reclamando de uma nova tecnologia: os livros eram danosos porque faziam com que as pessoas parassem de exercitar a memória, disse ele.

Nos anos 1990, o perigo dos videogames ganhou capas e manchetes no mundo todo.

Em 1995, um jovem Bill Gates foi dar uma entrevista para o então já veterano David Letterman.

Letterman: "Há alguns meses, anunciaram que vamos poder ouvir um jogo de beisebol pela internet. E eu pensei: vocês já ouviram falar do rádio?"

Gates: "Mas há uma diferença. Você vai poder ouvir o jogo quando quiser."

Letterman: "Entendo. Vocês já ouviram falar de fitas cassete?"

Gates: "Você também vai poder encontrar informações sobre qualquer assunto especializado, de charutos a motocicletas..."

Letterman: "Como em uma revista?"

É muito difícil fazer alguém acostumado a um mundo imaginar algo diferente.

Douglas Adams, um famoso escritor de humor, autor do *Guia do mochileiro das galáxias*, dividiu nossas reações a novas tecnologias em três fases, conforme demonstra o gráfico na próxima página.

Os mais velhos se incomodam até com o jeito de falar dos mais jovens. Acham que se comunicam mal e se constrangem com seus vícios de linguagem ("tipo"...) Especialistas são chamados para atestar a decadência da língua. Subentende-se que antigamente todo adolescente era um Guimarães Rosa.

Um psicólogo americano reuniu uma coletânea de especialistas reclamando dos hábitos linguísticos das novas gerações:

1978: A língua está desaparecendo. Está sendo esmagada sob o peso de uma pseudofala, criada diariamente por milhões de asneiras e descuidos de gramática. Nunca houve algo assim na história da língua.

1961: Os recém-formados não parecem ter absolutamente nenhum domínio da língua. Não conseguem escrever

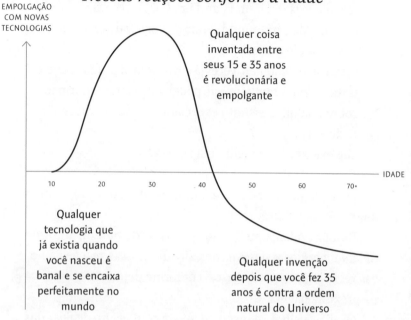

uma sentença simples. A gramática é um mistério para eles. A pontuação, ao que parece, não é mais ensinada.

1917: Nas universidades, eleva-se o apelo: os calouros não sabem pontuar, não sabem soletrar. Todos os colégios estão desesperados. Os alunos desconhecem o básico.

1889: O vocabulário da maioria dos alunos é extremamente reduzido. Tenho tentado usar um inglês simples e, ainda assim, somente uma minoria compreende mais da metade do que digo.

1833: A menos que se ponha um fim nas mudanças, não resta dúvida de que, em um século, o dialeto dos americanos se tornará totalmente incompreensível.

1783: A língua inglesa está se degenerando muito rapidamente. Começo a achar que será impossível controlar.

Um estudioso britânico descobriu que algumas tabuletas decifradas do sumério antigo, datadas de mais de dois milênios antes de Cristo, incluíam queixas sobre a deterioração da língua entre os mais jovens.

O bom e velho sumério já não é mais o mesmo.

———

Muita gente já escreveu falando mal da juventude. Gosto especialmente de Bernard Shaw, que lamentou: "A juventude é uma coisa tão boa, que pena desperdiçá-la com os jovens."

Venho em defesa dos jovens. A sua maior abertura à novidade os torna mais propícios a tentar fazer as coisas de um jeito diferente. É raro que cientistas na terceira idade façam descobertas muito revolucionárias, por exemplo. Os modelos tradicionais já estão consolidados demais em suas cabeças. Um estudo com prêmios Nobel de física mostrou que a idade média em que haviam feito suas descobertas era 34 anos: bastante baixo, levando em consideração o tempo necessário para terminar graduação, mestrado e doutorado.

Se os jovens já dispõem de uma propensão psicológica a abraçar novas ideias e caminhos, eles têm outra vantagem: quase nada a perder.

Suponha que você queira abrir uma empresa que vende tênis coloridos. Ou que queira fazer um documentário. Ou pensou em um novo aplicativo de celular.

Veja o caso de Chris Barton. Aposto que você nunca ouviu falar dele. Quando estava na faculdade, ele ficava chateado se ouvisse uma música na rádio, na TV, em um café ou em qualquer lugar e não conseguisse identificar seu nome nem quem cantava. Trabalhou alguns meses com três colegas e criou um sistema capaz de identificar uma música que estivesse tocando.

Antes dos smartphones, era um site no qual você fazia o upload de um áudio gravado. Depois, esse sistema se transformou em um aplicativo chamado Shazam.

Mas o Shazam não dava retorno financeiro. Após quatro anos, Chris teve que arranjar um emprego no Google. Nas palavras dele, "para sobreviver": "Foi uma época difícil. Eu comecei a duvidar de mim mesmo. Quer dizer, eu tive uma ótima ideia, investi tudo de mim nela... E então percebi que não consegui fazer acontecer."

Chris só ganhou dinheiro mesmo com o Shazam quando a Apple comprou sua empresa, mais de 15 anos depois da fundação, por 400 milhões de dólares.

Essa história traz duas lições.

Empreender é uma atividade de risco cujo retorno pode demorar. Mas quem pode se dar ao luxo de se jogar em atividades de risco cujo retorno pode demorar?

Antes de casar e ter filhos, você tem pouco a perder. Precisa de menos dinheiro. A vida de outras pessoas não está sob sua responsabilidade. Em geral, temos hábitos mais simples: não temos grandes frescuras em relação a onde morar ou que tipo de cerveja beber.

Nossos amigos também estão começando na carreira, então se comparar a eles também não é assim muito sofrido. Uma pessoa de 22 anos não precisa de muito para viver.

Se o Shazam tivesse sido criado por alguém mais velho, a pressão para torná-lo rentável logo seria avassaladora. É provável que o sujeito nem tivesse tentado. Certamente resistiria muito a abandonar um bom emprego para se jogar em uma aventura assim.

Não se trata apenas de criar uma empresa. Poderíamos estar falando de se tornar um romancista. De entrar no Médicos Sem Fronteiras. De mudar para Munique para aprender alemão. A juventude é uma grande oportunidade para tentar coisas diferentes, mesmo que elas acabem não dando certo.

A segunda lição do Shazam é justamente sobre não dar certo. Se isso tivesse acontecido, Chris poderia simplesmente ter continuado trabalhando no Google ou arranjado outro emprego.

Se você tentar algo diferente e der errado, ainda assim as portas do mercado de trabalho estarão abertas.

Se você tiver tentado abrir uma empresa, terá aprendido muito e bastante rápido com ela, e isso terá valor de qualquer forma.

Digo isso como alguém que já contratou várias centenas de pessoas para a Empiricus. Um candidato de 25 anos que diga ter passado os últimos três anos à frente de uma start-up que fundou terá tantos conhecimentos de marketing, de finanças, de gestão e de mentalidade que será muito desejado, ainda que a empresa tenha dado errado.

Um médico que tivesse trabalhado por dois anos em uma zona de guerra e agora quisesse voltar a um grande hospital em São Paulo se destacaria imediatamente em uma entrevista. No mínimo, os entrevistadores ficariam curiosos. Saber falar alemão nunca fez mal a ninguém. Os desvios muitas vezes se tornam ativos.

Sempre tenha isto em mente ao escolher os riscos que quer correr na vida: você tem que evitar a todo custo capotar o carro, mas precisa aprender a se permitir subir no meio-fio ou ralar um pouquinho na pilastra.

Nunca assuma um risco que envolva a possibilidade real de ruína. Você não entraria nem por um bilhão de reais em um avião com 1% de chance de cair — 1% nesse caso é muito! Não faça nada com o seu dinheiro ou com o seu tempo que possa acabar em desastre.

O ponto aqui é que explorar possibilidades de carreira pouco óbvias, sobretudo enquanto ainda se é jovem ou relativamente jovem e se tem pouco a perder, não envolve necessariamente um risco de desastre.

Se você for mais conservador, também pode tentar empreender dentro das empresas onde for trabalhar. Não há nada de errado com isso, pelo contrário: proponha novos negócios, aceite ser mais remunerado pelo resultado do que pelo salário fixo, busque ao máximo a possibilidade de se tornar um sócio.

A imensa maioria dos funcionários nunca sugere algo que possa se tornar uma nova fonte de receita para as empresas em que trabalham, mas é muito difícil dizer não para uma demanda salarial, por mais ousada que seja, de alguém que faz isso com sucesso. Sugiro que, tendo a coragem de empreender ou não, de alguma forma você tenha uma mentalidade empreendedora onde estiver.

———

Gostaria de falar um pouco mais sobre risco e sobre ter o próprio negócio.

Empreender é mais arriscado do que ter um emprego. Muito mais.

Um empreendedor não consegue se esconder atrás do trabalho dos outros. Você pode ter um desempenho mediano por bastante tempo em um emprego: as empresas não gostam muito de demitir, e o resultado trazido por outras pessoas pode mais do que compensar sua falta de iniciativa.

Além disso, muitas vezes é difícil medir quem exatamente tem mérito pelo sucesso. Se um produto vai muito bem, a responsabilidade é dos designers, dos engenheiros, do marketing ou do RH que contratou todo mundo?

Como é difícil individualizar o resultado, é possível vencer mesmo jogando relativamente mal. Claro que um dia você pode ser desmascarado. Mas pode demorar.

Há algumas áreas, porém, em que não há como se esconder. Um corredor de 100 metros livres, por exemplo: não adianta contar história, não adianta fazer politicagem, não adianta falar mal do adversário, não adianta ficar amigo de quem manda... Vale o tempo cronometrado.

Nesse sentido, o atleta corre muito mais riscos do que um funcionário da multinacional. Os olhos estão nele. Seus fracassos serão expostos. O preço de errar é infinitamente maior.

Por outro lado, a glória também é muito maior. Nada na vida em um grande escritório se assemelha vagamente à experiência de subir em um pódio olímpico para pegar a medalha de ouro.

Abrir uma empresa segue a mesma lógica: você vai estar muito mais exposto ao fracasso. Não há salário no fim do mês. Se não fizer acontecer, ninguém vai fazer por você. O risco é imenso, assim como a tensão. A maioria das empresas fracassa em poucos anos.

Por outro lado, o prêmio é proporcional: quando um empreendedor dá certo, a tendência é que ganhe mais dinheiro do que é possível conseguir com salários. Quase todas as pessoas que ficaram muito ricas sem receber herança eram empresárias. (A outra maneira é o casamento.) Quando empreender dá certo, é satisfatório como nenhuma outra atividade profissional.

A GRANDE PERGUNTA SEMPRE SERÁ ESTA: EM QUE EMPREENDER?

O ideal é que você consiga transformar a sua obsessão em algo que as pessoas queiram muito. Em algo que seja útil para elas. É importante fazer essa ponte entre a sua vocação particular e a possibilidade material.

Essa é a regra de ouro. Busque alguma coisa que: 1) você goste; 2) tenha muita utilidade para as pessoas e 3) possa ter escala.

Ter escala significa poder atender muitos clientes sem precisar aumentar demais sua estrutura. Como o gráfico a seguir mostra, se você tiver amor e fizer algo de que as pessoas gostem, mas não tiver escala, cairá na armadilha da confeitaria.

116 | O FILHO RICO

Um confeiteiro não consegue atender dez vezes mais clientes sem trabalhar praticamente dez vezes mais.

Pense, agora, em um programador de computadores. O aplicativo que ele desenvolveu pode ser usado por cem pessoas ou por um milhão. Ou um ator: uma vez gravado, um filme pode ser visto por quantas pessoas quiserem ver. O mesmo vale para um jogador de futebol: não há limite para quantas pessoas podem ver a final da Copa do Mundo pela televisão.

É por isso que bons programadores, atores ou jogadores de futebol ganham muito mais do que bons confeiteiros — ou bons analistas, ou bons fisioterapeutas. Eles podem trabalhar para milhões de pessoas ao mesmo tempo.

Muitas das maiores riquezas foram criadas dando escala àquilo que era muito artesanal. Desde Henry Ford, que inventou um jeito de produzir carros em massa, a Bill Gates, que ajudou a fazer com que os computadores pudessem estar na casa de qualquer pessoa. Mas vejam que escala não é só tecnologia: filmes têm escala, por exemplo. O custo de produzir um filme para ser visto por 100 pessoas ou por 1 bilhão não é diferente.

A situação em que você oferece algo que as pessoas querem comprar, mas pessoalmente não gosta do produto, talvez seja a fonte mais comum de infelicidade profissional — ou tédio.

É difícil dar exemplos aqui, porque paixão é algo muito individual. Talvez você ache contabilidade a coisa mais chata do mundo, mas muitos contadores gostam da própria profissão. Um contador escreveu que a contabilidade lhe trazia um estado de "euforia intelectual." Outro disse que era a profissão perfeita para quem, como ele, adorava "detalhes, quebra-cabeças e números."

Direito é outra área de extremos: a profissão engloba muitos dos alunos mais entediados e muitas das pessoas mais engajadas em seus trabalhos. Em um caso ou outro, não há dúvida de que há alta demanda por contadores e advogados.

Cabe a você descobrir onde se encaixar. Como regra geral, não preste um serviço em que não acredita nem venda tranqueiras que você próprio não gostaria de ter. Esse é o caminho da infelicidade. Mesmo o mais frio dos seres humanos precisa sentir que gasta as horas do dia fazendo algo de bom para alguém.

Por fim, há a situação em que você é apaixonado por algo que tem escala, ou seja, poderia ser vendido para milhões de pessoas, mas infelizmente quase ninguém compartilha o seu entusiasmo.

Muitos dos produtos mais inovadores caíram nessa armadilha.

Um exemplo famoso é o Google Glass, um óculos ultratecnológico lançado em 2014.

Ele tinha conexão com a internet. Projetava no seu campo de visão qualquer informação que você quisesse: tempo, ligações, fotos, sua agenda. Podia tirar fotos e gravar vídeos de qualquer coisa para a qual você olhasse. Você poderia fazer reuniões ou obter itinerários.

Por que deu errado?

Porque ninguém quis. O Google Glass era terrivelmente feio. Era um produto da engenharia, não do design. Ao contrário do Apple Watch, aquilo nunca poderia ser um objeto de moda. Quando o colocava, você não parecia *cool*.

Além disso, como era capaz de filmar, esses óculos criavam um desconforto em seus interlocutores. Em uma reunião de negócios, tudo poderia estar sendo gravado sem consentimento. Imagine um primeiro encontro: você gostaria que tudo que dissesse ou fizesse pudesse ser gravado? E se a pessoa convidasse você para a casa dela? Você contaria uma fofoca para alguém que na prática está com uma câmera e um microfone apontados para a sua cabeça?

Usar o Google Glass virou uma falha grave de etiqueta. Ninguém no Google pensou nisso. O produto logo foi rejeitado.

Sua tecnologia pode até ser fascinante. Mas, se ninguém quiser usá-la, você está ferrado.

O propósito de um produto ou serviço é que o comprador saia comentando positivamente com todos os seus amigos sobre ele. O valor de uma empresa decorre, em grande medida, de quanto ela gera para seus clientes. Ganhar dinheiro sem gerar nada (ou gerando desconforto) para o cliente é tanto desonesto quanto insustentável.

Uma pergunta natural é: empreender com que dinheiro? Dependerá, claro, do tipo de atividade. Algumas quase não têm custo inicial: abrir uma empresa de consultoria, por exemplo. Mas outras atividades exigirão muito capital: suponha que você resolvesse que o sonho da sua vida é ter uma siderúrgica...

Quem diz que empreender é para os ricos ignora que a imensa maioria dos empreendedores não estão fazendo a Tesla, mas sim iniciativas nichadas, focadas em satisfazer um grupo bastante específico de consumidores. Há muitos ramos em que se pode começar bastante pequeno e acelerar o crescimento a partir da própria receita do negócio.

A própria Empiricus teve investimento inicial zero, com exceção, é claro, do nosso investimento de tempo. No começo, o que nós vendíamos era basicamente arquivos de pdf com ideias de aplicações.

Se os custos iniciais foram altos, há todo um ecossistema de investidores que podem se interessar pelo seu projeto. Empresas de capital de risco precisam estar disponíveis para ouvir, e várias instituições, como a Endeavor, estão abertas a mostrar o caminho das pedras para quem quiser se aventurar a abrir um negócio

Hoje, dinheiro deixou de ser um problema para os bons empreendedores. Eu arriscaria dizer que há muito mais dinheiro disponível no mercado do que bons projetos.

A ambição não é uma coisa ruim. Pense em um projeto que o empolgue e faça acontecer. A ideia de que é necessário aprender um pouco mais antes de botar a mão na massa muitas vezes é só uma forma de procrastinar e de se esconder, a não ser que você seja um médico ou faça qualquer outra coisa em que um erro pode matar alguém. Você vai aprender fazendo.

O que nos leva ao próximo capítulo.

PERGUNTE A SI MESMO:

> Se você tem mais de 30 anos, fale a verdade: você implica com o gosto musical dos mais jovens, não implica?

> Quais os maiores riscos que você já correu na vida? Valeu a pena? Você teve que voltar atrás?

> Se você tem um emprego, qual foi a última vez que sugeriu uma nova fonte de receita para a empresa?

> O produto ou serviço que você mais gostaria de fazer tem demanda? Ou você é o único que se interessa por isso?

RESUMO

> Não implique com as guitarras elétricas que surgirem. Aceite que o mundo muda um pouco e que tudo bem. Evite o "no meu tempo..."

> Aproveite a juventude para ter ideias inovadoras. Na média, os prêmios Nobel de física fizeram suas descobertas aos 34 anos.

> É muito mais difícil correr riscos ou empreender depois que se tem família e filhos. Jovens têm bem menos a perder e sempre podem voltar ao mercado de trabalho.

> Empreender gera muito mais dinheiro do que trabalhar para alguém, mas traz mais risco e tensão.

> Procure fazer coisas de que você goste, que as outras pessoas queiram e que possam ganhar escala.

NÃO SUPERESTIME A ESCOLA

7

"**A** doação de dinheiro mais mal direcionada em muitos anos", disse Larry Summers, ex-reitor de Harvard.

Ele estava falando da ideia maluca de um bilionário da Califórnia.

Peter Thiel, fundador do PayPal e investidor do Facebook, resolveu dar dinheiro para... as pessoas largarem a faculdade.

A Thiel Fellowship dá 100 mil dólares, ao longo de dois anos, para quem "quer construir algo novo em vez de ficar sentado em uma sala de aula."

O processo seletivo é concorrido. Você tem que ser bom para entrar na universidade. Precisa ser melhor ainda para abandoná-la.

Um dos garotos contemplados, Austin Russell, largou Stanford para receber a bolsa e criar uma empresa que desenvolve tecnologia para carros autônomos. O rapaz foi o americano mais jovem a se tornar bilionário sem receber uma herança. Ele tinha 25 anos.

Thiel acha que o melhor jeito de aprender alguma coisa é fazendo. Sobre as provas e notas, ele cita Platão: "O conhecimento que se adquire por obrigação não se fixa na mente." Poderia ter citado o dramaturgo Bernard Shaw: "Se você ensinar qualquer coisa a um homem, ele nunca aprenderá." Apenas projetos reais podem despertar o interesse genuíno que leva ao aprendizado.

A crítica de Summers, professor universitário, é que histórias assim geram uma ilusão. Russell é um em um milhão. A maior parte das pessoas se beneficia do ensino superior. Em termos estatísticos, isso não é difícil de enxergar. No Brasil, quem tem curso superior ganha em média 141% a mais do que quem tem apenas o ensino médio. Pós-graduados ganham 350% mais.

Quem está certo?

———

É provável que os dois estejam certos. A maior parte das pessoas que larga a faculdade acaba se saindo pior do que as que terminam o curso. O diploma é obrigatório em várias profissões. Mesmo nas que não o exigem, ele serve de sinalização. O fato de alguém ter ser formado por uma boa universidade diz alguma coisa para os empregadores do mundo.

Dito isso, há um ponto importante: se a faculdade pode treinar as pessoas para fazer o que você faz, isso significa que todo ano haverá centenas ou milhares de pessoas aptas a substituí-lo.

Pior ainda: muitos professores universitários têm pouca ou nenhuma experiência em de fato fazer aquilo que ensinam. Há uma desconexão muito grande entre o que se ensina nas salas de aula e o que realmente se faz na vida real.

A melhor coisa que um professor universitário vai conseguir lhe ensinar é como se tornar professor universitário.

Há, claro, algumas profissões em que não há muita margem para experimentação: você não quer que um médico aprenda cirurgia por tentativa e erro ou que um aprendiz de piloto de avião entre na cabine para ver o que consegue fazer. Mas essas são exceções. Na maioria dos casos, o melhor caminho é simplesmente começar logo a agir.

Um laboratório americano ficou famoso por colocar uma placa na porta: "Teoria é quando você sabe tudo, mas nada funciona. Prática é quando você não sabe nada, mas tudo funciona. Neste laboratório combinamos teoria e prática: nada funciona e ninguém sabe por quê."

A piada é ótima, mas na vida real não há caminho fora dessa combinação.

TEORIA E PRÁTICA

	NÃO SABE A TEORIA	SABE A TEORIA
NÃO FEZ NA PRÁTICA	Meu amigo, o que você está fazendo aqui?	Maneira imperfeita de aprender. Resultado possível: "Me formei e descobri que meu diploma não serve para muita coisa. O mundo é injusto!"
FEZ NA PRÁTICA	Excessivamente dependente de tentativa e erro. Vai se ver reinventando a roda. Talvez fracasse antes de entender o que está fazendo errado.	É o melhor dos mundos, mas precisa ter cuidado para não ficar tão refém da teoria e deixar de tentar novos caminhos por causa disso.

Combinar teoria e prática é importante. Há uma grande diferença entre a escola e a vida real. A vida estudantil tende a premiar os que se enquadram: quem leu obedientemente e com atenção os textos obrigatórios e também os sugeridos, fez anotações das aulas, admirou quase inquestionavelmente os professores, foi movido a notas.

O mundo tende, porém, a premiar cada vez mais certo tipo de transgressão: quem leu livros de áreas diferentes da sua, que seguiu caminhos inesperados, que está mais preocupado em criar algo legal do que com o boletim. Se você lê o que todo mundo está lendo, vai pensar como todo mundo. Sua visão de mundo só será única se ela for fruto de uma legítima curiosidade pessoal por entender o mundo, e não de um programa fixo estruturado por terceiros.

Sempre foi assim no mundo da arte: os melhores escritores não estudaram escrita criativa, os músicos mais transformadores não fizeram doutorado, os melhores dramaturgos não estavam em uma pós-graduação. Eles estavam ocupados demais escrevendo peças. Guimarães Rosa ou Keith Richards não caberiam em uma sala de aula. Nas últimas décadas, isso se espalhou pelo mundo da tecnologia: Steve Jobs, Bill Gates, Mark Zuckerberg e muitos outros abandonaram a faculdade.

Não estou dizendo, pelo amor de Deus, que acho que você ou meus filhos não devam ir para faculdade. Também não estou dizendo que ir mal nos estudos é legal. Bill Gates era um ótimo aluno.

Mesmo antes disso, um bom ensino básico faz toda a diferença na vida de qualquer ser humano. Acima de tudo, dedicar-se a aprender matemática é provavelmente a decisão individual que mais aumenta a chance de você ter sucesso na vida.

Disciplina é fundamental, mas não pode se tornar rigidez. Senão você pode se tornar o soldado capaz de fazer atrocidades porque "são ordens de cima."

Criatividade e transgressão são qualidades incríveis, mas, quando se tornam inadequação ou insubordinação excessivas, podem estragar a sua vida. Você não quer se tornar o sujeito que não consegue jogar em um time porque precisa fazer tudo do seu jeito.

Para citar um clássico da literatura que leva este título, é preciso fazer conviver harmoniosamente dentro de nós "o médico e o monstro": a gentiliza e a rebelião, o desejo de se integrar e o desejo de fazer tudo diferente.

Minha insistência nesse ponto se deve a isto: o sistema educacional como o conhecemos foi desenhado para um mundo industrial onde as coisas não mudavam muito, e não para uma época em que várias das maiores empresas do planeta foram fundadas há apenas vinte anos, como Google, Netflix, Tesla ou Facebook. É uma época de mudanças muito rápidas.

As respostas que você aprendeu na faculdade não vão bastar. Você também vai ter que descobrir as perguntas. Ninguém lhe dirá o que você deve construir. Tem tanta coisa que ainda precisa ser inventada. A vida real aprova ou reprova de maneiras completamente diferentes. Às vezes, nem sabemos se estamos sendo aprovados. Estou sendo um sucesso ou um fracasso? É muito mais difícil definir isso do que receber uma nota de zero a dez em uma prova.

———

Em outras palavras, não deixe que a educação formal atrapalhe seus estudos. Mas como estudar além da universidade?

Além de botar a mão na massa em estágios ou em projetos reais, leia. Leia compulsivamente. Livros são infinitamente mais importantes do que diplomas.

Por um custo irrisório, você tem à disposição o pensamento e as lições não só dos melhores professores das melhores universidades do mundo, mas também das pessoas que tiveram as trajetórias mais inspiradoras.

Quer saber como um atleta de ponta se esforça para manter a disciplina? André Agassi escreveu o relato mais sincero e comovente possível sobre o que viveu como tenista. Quer entender como fundar uma empresa e criar uma marca? Phil Knight, que criou a Nike, tem um livro extraordinário sobre o assunto.

Mas a melhor parte é esta: enquanto seus professores na universidade precisam estar (mais ou menos) vivos, os livros permitem que você passe horas com grandes pensadores ou contadores de histórias que já se foram há muito. Nietzsche não dá aulas em Harvard nem Dostoiévski em Yale, mas eles estão em qualquer livraria.

Ler é um hábito que se cria. O segredo é muito simples: comece lendo qualquer coisa de que você goste. Pode ser

A culpa é das estrelas. Pode ser o gibi da Turma da Mônica. (As duas leituras são recomendações entusiasmadas.) Não deveria haver preconceitos quando o assunto é leitura. Sua curiosidade vai fazer você seguir adiante. Ler por obrigação ou sem interesse é o caminho mais rápido para não gostar de ler.

Quanto mais você lê, mais percebe que há coisas para ler. Essa humildade involuntária de uma lista crescente de livros a serem lidos tem a sua utilidade: nos mostra que o que sabemos é sempre uma fração minúscula. Qualquer um que tenha opiniões demais provavelmente apenas leu livros de menos.

Não conheço ninguém que tenha lido muito e que ache que isso não tenha ajudado. Se você me dissesse que este livro é longo demais e pedisse para eu o resumir em uma palavra, eu jogaria tudo fora e me ateria a este conselho: Leia.

PERGUNTE A SI MESMO:

> Você pauta a sua vida pela busca de diplomas e credenciais ou por se envolver em projetos reais em que faz coisas de verdade?

> Qual é o tamanho da sua curiosidade por entender o mundo? Ou você só se interessa por aprender algo se precisar disso para uma prova?

> Você acha que está mais para o lado do excessivamente disciplinado ou excessivamente transgressor?

> Quantos livros você lê por ano?

RESUMO

> A faculdade não será capaz de treinar as pessoas para a economia do nosso século.

> Se a universidade puder treinar alguém para fazer o que você faz, você será facilmente substituível.

> Saiba matemática básica. O retorno sobre o investimento de estudar matemática é elevadíssimo.

> É preciso ser disciplinado, mas disciplina demais o tornará um soldado sem alma. É preciso ser transgressor, mas transgressão demais o impedirá de jogar em um time.

> Leia.

8 SEJA MAIS BURRO QUE AS PESSOAS AO REDOR

Em 17 de janeiro de 2017, o avião particular do dono de um hotel caiu em Paraty, no Rio de Janeiro. Estava lá um ministro do Supremo Tribunal Federal, Teori Zavascki.

Muitas teorias da conspiração foram criadas. Teori era o relator da Lava Jato no Supremo, que mexia com os interesses de muitos empresários e políticos graúdos.

O fato é que o avião não teve nenhum defeito. Ao se chocar contra o mar, ele estava em perfeito estado. Também não faltou combustível. Por fim, o piloto era extremamente experiente e conhecia o pequeno aeroporto de Paraty como ninguém: só no ano anterior, havia estado lá 33 vezes.

O que deu errado, então?

Sempre que um avião cai, a Força Aérea Brasileira faz uma longa investigação. Neste caso, foram envolvidos 18 especialistas: pilotos, engenheiros, psicólogos, controladores de tráfego e mecânicos. Participaram também especialistas americanos e canadenses, pois essas eram as origens do avião e do motor, respectivamente.

O que a investigação descobriu tem muito pouco a ver com mecânica de aviões. Ela trata sobre a nossa forma de lidar com os outros.

Osmar Rodrigues não estava começando: tinha 56 anos e pilotava aviões havia 30.

Ele não fumava, não bebia, não usava remédios. Era casado, e um dos seus dois filhos também era piloto. Na revalidação das suas habilitações, diversos inspetores apontaram que ele tinha domínio completo das aeronaves.

O voo daquela quinta-feira estava programado para as 11h30, mas um dos passageiros (o relatório não especifica qual) chegou uma hora e meia depois do combinado.

Enquanto isso, o tempo piorava depressa em Paraty. Devido ao atraso, o avião chegaria à cidade sob uma tempestade e com um nível baixíssimo de visibilidade.

Esse é um problema grave, pois o pequeno aeródromo de Paraty não tem torre de controle, operador de rádio, instrumentos. É preciso usar os olhos para pousar. A responsabilidade é toda do piloto, inclusive de decidir se pousa ou não: ninguém fecha o aeroporto, como aconteceria em uma cidade grande.

Chegando a Paraty, Osmar baixou o trem de pouso. Perto da pista, porém, percebeu que seria muito difícil pousar naquelas condições. Ele desistiu do pouso e anunciou no rádio: "Aguardando um pouquinho, até a chuva passar, melhorar a visibilidade. Mantém 1.300 pés."

Lembre-se de que não havia controlador de voo em terra. Ele só estava anunciando a outros aviões que pudessem estar de passagem que aguardaria por ali, a 1.300 pés.

Em seguida, aconteceu algo difícil de compreender: em vez de esperar as condições climáticas melhorarem, como ele próprio havia anunciado, apenas dois minutos depois Osmar baixou novamente o trem de pouso e avisou via rádio que estava seguindo para uma nova tentativa.

As condições de visibilidade estavam abaixo de todos os parâmetros recomendados para um pouso. Osmar sabia disso, mas tentou mesmo assim.

Não se ouviria mais a voz de Osmar. Tudo que se ouve na gravação da cabine é um barulho alto de colisão. O avião se chocou contra a água, matando a todos na aeronave. Sem gritos, sem pânico, sem qualquer palavrão assustado. Aparentemente, Osmar e os passageiros não perceberam que estavam tão perto do mar.

Os especialistas que investigaram o acidente concluíram que Osmar perdeu a orientação espacial. No meio da tempestade e sem conseguir enxergar nada à frente, ele deixou de saber onde e a que altura estava.

Por que um piloto tão bom quanto Osmar insistiu em um pouso em condições tão adversas, que ele próprio sabia ser irresponsável?

———

O dono do avião, chefe de Osmar, que o relatório da investigação chama de "operador", é descrito como uma pessoa difícil:

> "Segundo relatos de pessoas do convívio do operador, ele era visto como uma pessoa de postura impositiva e exigente. Frequentemente, expressava-se de modo firme e, por vezes, portava-se de forma considerada ríspida. Apesar dessa postura, não houve relatos de qualquer problema na relação profissional entre o piloto e o operador."

Osmar trabalhava para ele havia 15 anos, em dedicação exclusiva. Funcionário dedicado e fiel, tinha a confiança do patrão — e não queria perdê-la de forma alguma. Eis o que diz o relatório:

"O piloto se autoavaliava como uma pessoa tímida, ansiosa e que não gostava de cometer erros. Prezava pela pontualidade e desagradava-se com situações de atraso. Durante os anos em que atuou para o operador, não houve situações em que o piloto houvesse deixado de realizar o voo conforme a programação realizada."

Lembre-se de que, no dia do acidente, houve um atraso de uma hora e meia na decolagem. Segundo o relatório, isso deixou o dono da aeronave irritado, o que por consequência pode ter preocupado Osmar.

Os outros pilotos que voam para Paraty disseram que nem sempre é fácil lidar com a ansiedade dos seus chefes, que têm casas no local:

"Os relatos indicaram uma percepção coletiva de que, em algumas ocasiões, o piloto poderia sentir-se pressionado a realizar um voo. Eles reportaram situações pessoais ou de outros colegas que postergaram a decisão de cancelar o voo; realizaram tentativas frustradas de pouso, mesmo após verificação das condições desfavoráveis; e, em algumas situações, concluíram a operação apesar das condições críticas."

Havia um problema na relação entre os pilotos que usavam aquele aeródromo e os seus chefes multimilionários. Os patrões "valorizavam os pilotos que efetuavam o pouso mesmo em condições meteorológicas adversas."

Não é nenhuma surpresa, portanto, que tenha havido 13 acidentes aéreos na região nos dez anos anteriores a 2017.

Sobre aquela quinta-feira, a investigação apontou que Osmar estava tenso naquele voo, possivelmente por uma "pressão autoimposta" que o faria tentar pousar mesmo sabendo que não deveria.

> "As circunstâncias daquele voo, que havia atrasado e irritado o operador, bem como o perfil do piloto que evitava conflitos, podem ter levado o piloto a buscar alternativas para concluir o voo, de modo a atender aos anseios do operador."

Mais do que ficar esperando o tempo melhorar, talvez Osmar tivesse que pousar em outro lugar, como o aeroporto de São José dos Campos, ou mesmo voltar para São Paulo, dado que o avião não tem combustível eterno. São situações que certamente não alegrariam seu chefe.

Se eles voltassem, será que o patrão não acharia que era o caso de contratar um outro piloto menos medroso?

———

Se as pessoas ao seu redor tiverem medo de você, elas vão deixar de falar a verdade:

> Seus subordinados não vão lhe contar o que de fato está acontecendo na empresa, acobertando problemas até que tenham se tornado monstros impossíveis de esconder. Você

vai perder um cliente importante sem ter ideia de que ele estava insatisfeito, por exemplo.

> Seus filhos não vão lhe contar o que acontece fora de casa, inclusive eventuais casos gravíssimos de bullying ou mesmo de abuso, porque terão medo de não se sentirem acolhidos ou mesmo de levar uma bronca.

> Seu parceiro amoroso não será transparente com você sobre aquilo que o incomoda, com receio de uma reação agressiva, até que um dia ele irá embora e você ficará sem entender o motivo.

> De modo mais geral, ninguém lhe dirá nada que você precisa saber, até que a coisa tenha se tornado uma bola de neve.

Suponha que um adolescente beba demais em uma festa e esteja passando mal. Ele vai voltar para casa de carona com um amigo que está ainda pior do que ele. Apesar de estar bêbado, ele reconhece o perigo envolvido nisso.

Se isso acontecesse com você, você acha que ligaria para seu pai ou mãe pedindo ajuda? Como eles reagiriam? E caso tenha filhos adolescentes, acha que eles ligariam para você?

Quando as pessoas param de falar a verdade, você perde.

Por exemplo: um episódio pouco comentado ocorrido em novembro de 1941 poderia ter mudado a história da humanidade.

Fritz Todt era o chefe supremo de material bélico nazista. Isso significa que ele controlava todo o suprimento de metralhadoras, tanques, aviões e bombas da Alemanha na Segunda Guerra. Respondia diretamente a Hitler. Tinha doutorado em engenharia e era extremamente inteligente. A autobahn, um maravilhoso sistema rodoviário federal alemão cujas estradas são tão boas que não têm limites de velocidade, é herança de Todt.

Naquele ano, Todt começou a fazer as contas e chegou a uma conclusão avassaladora: a Alemanha perderia a guerra.

A vitória da Alemanha estaria assegurada caso o país tivesse obtido uma vitória rápida contra a Rússia. Mas isso não havia ocorrido, e o Estado não teria recursos para se manter em um conflito prolongado contra os soviéticos. Com a entrada dos Estados Unidos na guerra, então, o destino da Alemanha era sombrio. A força industrial nazista não seria páreo para eles. Em algum momento, faltariam homens, armas, munição, aviões, tudo.

Reunindo toda a sua coragem, Todt foi até Hitler e apresentou seus números. Os cálculos eram precisos. As estimativas sobre a capacidade militar dos inimigos eram exaustivas e muito confiáveis. Desolado, Todt disse: "Infelizmente, já não podemos vencer esta guerra por meios militares."

Hitler retrucou: "E como terminarei a guerra?"

Todt não queria apenas trazer o problema. Ele queria ser propositivo. Tinha pensado em uma possível solução. Sugeriu que Hitler buscasse uma "alternativa política", ou seja, um acordo de paz.

O que teria acontecido se Hitler tivesse seguido o conselho de Todt naquele fim de 1941?

Pensar nisso é um exercício interessantíssimo, porque nos leva a ver uma possibilidade completamente diferente para os rumos do século XX.

Não seria nada improvável que os Aliados topassem negociar.

A Rússia estava completamente exaurida. Foi, de longe, o país que mais sofreu baixas ao longo da guerra: 27 milhões. A fome foi a responsável por parte significativa dessas mortes. "As pessoas estão tão debilitadas pela fome que ficam completamente indiferentes à morte; morrem como se caíssem no sono", escreveu um observador.

Nos Estados Unidos, a opinião pública era contrária à entrada do país em uma guerra que não via como problema seu. Tudo o que Roosevelt queria era uma chance de resolver a questão sem mandar jovens americanos para morrer por uma causa que sequer entendiam direito.

Churchill discursava a respeito de lutar até o fim, mas é de se questionar se a elite britânica aceitaria uma guerra solitária, e, portanto, suicida, contra Hitler – em particular se houvesse a promessa de que ele deixaria o Reino Unido em paz. A guerra cansa. Até ali, o melhor momento britânico na guerra tinha sido... uma fuga mais ou menos bem organizada dos soldados que estavam na França. Não parecia muito promissor.

Suponhamos que Hitler tivesse topado devolver à Rússia todo o seu território e se satisfizesse em manter apenas os países que já havia conquistado.

Ainda assim, ele teria saído da guerra ditador de um império que incluiria, além da Alemanha, Polônia, Dinamarca, Áustria, Noruega, Bélgica, Holanda, França, Iugoslávia, Grécia e Ucrânia.

Ele precisaria deixar para trás o sonho de conquistar a Rússia e o Reino Unido, mas estamos falando de uma nação que governaria mais de 200 milhões de pessoas. Em comparação, em 1941, tanto os Estados Unidos quanto a União Soviética tinham pouco mais de 130 milhões de habitantes. O Estado nazista seria uma imensa potência.

Poucos meses depois de dar essa sugestão a Hitler, Todt morreu em um estranho acidente aéreo cujas causas nunca

É PRECISO TER FIRMEZA PARA SEGUIR NO CAMINHO QUE VOCÊ ACREDITA SER O CORRETO. MAS ESTEJA ABERTO A OUVIR.

foram perfeitamente esclarecidas. Nunca saberemos se Hitler foi responsável por sua morte ou não. De qualquer maneira, sabemos que ele não reagiu bem à proposta e não seguiu o conselho de Todt. Estava dada a mensagem para qualquer outra liderança nazista: se você perceber algum problema grave, é melhor guardar para si mesmo.

Perde-se uma guerra por falta de soldados. Mas também por falta de ouvidos.

Hitler poderia ter sido o grande ditador do século XX. Em 1941, ele tinha 52 anos. Se tivesse feito um acordo de paz, poderia ter dominado a geopolítica mundial por décadas — embora, claro, seja impossível saber com certeza como a história teria se desenrolado. Felizmente, isso não aconteceu. Mas é um pouco assustador perceber que ele esteve tão perto.

Se um dia você for um líder de um país envolvido em uma guerra, nunca mate seus generais porque eles quiseram alertá-lo para algo importante. (Como você pode ver, este livro tem a expectativa de ajudar você em uma ampla variedade de situações.)

Em qualquer situação de liderança, você deve, claro, tomar decisões impopulares.

Mas jamais deixe os outros com medo de apontar problemas no horizonte. Não afaste de você as pessoas inteligentes.

———

Nós somos uma média das pessoas ao nosso redor.

Se elas são inteligentes, tendem a fazer com que fiquemos mais inteligentes. Se são felizes, também nos puxam para cima. Se só reclamam, nós começamos a achar que a vida é ruim.

Tenha um pé atrás com quem põe defeito nos seus planos de maneira não construtiva, com gente gratuitamente pessimista. Mas abrace pessoas inteligentes que queiram ajudar você. Como disse um comediante, é difícil ouvir aquilo que a gente não quer ouvir. Mas é importante.

Quando começamos a Empiricus, eu e o Rodolfo éramos meninos de 20 e poucos anos. Tínhamos um sócio mais velho, que havia prometido nos mostrar o caminho das pedras.

Largamos os nossos empregos, encontramos um escritório. Estávamos ansiosos por aprender. No primeiro dia, eu e Rodolfo chegamos cedo. Nosso sócio não apareceu. Não atendia o telefone, não havia sinal de que estivesse vivo.

Achei que era o fim. Levamos um golpe. O cara desistiu e sumiu. Olhei para o Rodolfo. "Cara, o que a gente faz agora?" Ele me respondeu com a tranquilidade de quem tinha acabado de voltar de um retiro no Nepal: "Ué, a gente trabalha."

E, bom, foi basicamente graças a isso que estamos aqui. O executivo veterano desaparecido deixaria de ser nosso sócio logo depois.

Rodolfo várias vezes nos salvou, a começar por esse dia: eu já estava quase disposto a desistir de tudo. Curiosamente, ele sempre evitou que as coisas dessem errado sem nunca precisar dizer que tudo ia dar errado. Evite amigos ou sócios que sejam os profetas do apocalipse.

Outra característica do Rodolfo é que ele leu todos os livros já publicados, mas nunca vai jogar isso na sua cara. Cuidado com pessoas autocentradas demais. Há amigos que dizem coisas duras que precisamos escutar. "Talvez você devesse procurar ajuda para a sua ansiedade, porque isso está afastando você da sua esposa", diriam. Outros dizem coisas duras porque querem apenas reforçar o quanto *eles* são incríveis: "Você deveria ser como eu, menos ansioso."

Meus elogios ao otimismo propositivo e à capacidade do Rodolfo de ler oito livros ao mesmo tempo buscam simbolizar a importância de andar com as pessoas certas.

Procure pessoas que você admire. Que você considere inteligentes. Sempre que perceber que você é a pessoa mais inteligente de uma universidade, empresa ou reunião, procure outro lugar.

Especialmente se você for empreender, lembre-se de que quase todas as empresas de sucesso foram fundadas por mais de uma pessoa. Mesmo gênios difíceis e autocentrados tinham sócios: Steve Jobs, que criou a Apple, é um exemplo.

Empreender é um fardo pesado, difícil de carregar sozinho. Isso porque ter a ideia é a parte mais fácil de um trabalho. Difícil é executar. Você se depara com todo tipo de problema que nem sabia que existia. Quanta coisa pode dar errado! Você vai precisar de ajuda.

Os sócios que você escolhe são o principal fator decisivo no sucesso ou no fracasso de uma empresa. Mesmo que seja muito inteligente, não superestime isso. Há várias outras pessoas inteligentes por aí. E muitas delas com habilidades complementares às suas. Você precisa delas.

COM QUANTAS CABEÇAS SE FAZ UM IPHONE

É injusto atribuir a Steve Jobs a genialidade por trás de um produto diferente de tudo que já tinha sido visto

JONY IVY, O ELEGANTE

QUEM?
Um designer britânico. Usa ternos coloridos do alfaiate que veste a família real britânica. Frequenta festas elegantes.

O QUÊ?
Ivy foi quem trouxe o minimalismo elegante do iPhone, com sua filosofia "menos é mais" e seus poucos botões. Compare com os Nokia do passado.

SCOTT FORSTALL, O PROGRAMADOR

QUEM?
Um engenheiro apaixonado por xadrez e matemática. Um pouco tímido. Casado desde sempre com a namorado do ensino médio.

O QUÊ?
Concebeu o sistema operacional e a Apple Store. Todo app desde então — Uber, Whatsapp, Tinder — só é viável por causa do código original de Scott.

TIM COOK, O GERENTÃO

QUEM?
Administrador. Sem formação em programação e muito menos em design. Tinha feito carreira cuidando de logística. Esportista.

O QUÊ?
Organizou as fábricas. Arranjou os fornecedores. Cortou custos de produção. Evitou atrasos. Fez tão bem que viraria o CEO depois da morte de Jobs.

Muitos outros, inclusive o chefe do circo e idealizador do projeto, Steve Jobs.

IPHONE

Um elogio muito comum sobre alguém é dizer que a pessoa é inteligente. Talvez seja até mais importante mencionar que essa pessoa anda com gente inteligente — só que isso pouco se diz. O grupo ao qual você pertence importa. Muito.

É mais fácil conhecer potenciais sócios na faculdade do que depois. Foi o que aconteceu comigo: o Rodolfo era meu colega no curso de economia da USP.

Minha teoria é que isso acontece porque, depois da faculdade, é raro poder conviver muito tempo com alguém em uma situação na qual não há dinheiro envolvido. Fica mais fácil entender quem é de fato inteligente e quem é de fato colaborativo quando as pessoas estão ajudando umas às outras sem razões financeiras envolvidas, apenas por empolgação genuína.

———

Há um teste muito necessário, mas que também pode deixar você um pouco deprimido. Se você já está inserido no mercado de trabalho, deixe-me estragar um pouco a sua vida.

Se você for empresário, pense em um sócio. Se for chefe, quero que pense em alguém da sua equipe. Se não for, em algum colega de trabalho. Pense em uma pessoa específica.

A pergunta é: se essa pessoa pedisse demissão amanhã, você faria um esforço monumental para mantê-la? Ou deixaria que fosse embora sem protestar?

Se você está fora do mercado de trabalho, pode pensar na sua namorada ou namorado, marido ou esposa. Se a pessoa pedisse um tempo, dissesse que quer ficar um pouco sozinha, você encararia isso como uma tragédia ou ficaria até um pouco aliviado?

É muito fácil, por comodismo, tolerar trabalhar ou conviver com gente mais ou menos.

Se a resposta em qualquer caso for "ah, deixa ir", então você está se deixando levar pela inércia ao se cercar de pessoas que não são as ideais.

Trabalhar ou conviver com gente extraordinária é importante pelo seguinte motivo: um colega bom não tem um impacto apenas 20% ou 30% maior no futuro de uma empresa do que um colega mediano. Uma pessoa boa vale por cem pessoas medianas. Pessoas boas inventam novos negócios, trazem ideias, fazem o impossível. Pessoas mais ou menos drenam a atenção e a produtividade dos colegas, que precisam ficar olhando o que elas estão fazendo.

Pior: a presença de alguém assim na equipe faz com que os verdadeiramente bons se demitam, seja porque começam a se achar injustiçados ("por que aquele cara ganha o mesmo que eu?") ou simplesmente porque gente brilhante gosta de trabalhar com gente brilhante, em vez de ser babá dos outros.

Todo empreendimento humano, no fim, se resume a quem são as pessoas envolvidas nele. Inclusive a sua vida.

———

A regra de procurar gente otimista e inteligente se aplica muito bem ao casamento.

Afora as decisões profissionais ou de investimento, a escolha do cônjuge é a que terá mais impacto na sua vida financeira. Um cônjuge pode tanto ser o empurrão a apoiar você ao longo de todos os desafios da vida quanto uma draga financeira e motivacional. A diferença entre o "ei, a gente está

junto nessa" e o "você não é nem maluco de tentar mudar de emprego" é definitiva na vida de qualquer pessoa. E quando estamos ao lado de alguém que consideramos inteligente, vamos querer escutar seus conselhos.

Mais do que isso: alguém que compartilha com você a vida pode oferecer uma experiência de intimidade e de apoio mútuo que nenhum outro tipo de relação humana conseguirá.

E assim como o amor gera intimidade, a intimidade gera amor: a forma mais fácil de duas pessoas se apaixonarem é tendo uma longa conversa em que ambos se sentem à vontade para se abrir completamente e compartilhar aquilo que não falam para quase ninguém.

Portanto, decida com quem se casar com toda a atenção do mundo. Não se contente com o razoável. Se não tiver aparecido nenhuma opção ainda, não há problema algum em esperar. Nesse campo, tudo que não for um "com certeza sim" deve ser um "não."

Sim, o tempo pode estar passando. Talvez todo mundo ao seu redor esteja se casando. Especialmente para as mulheres, existe uma pressão estúpida para não perder tempo. Como conversamos no Capítulo 2, você será mais feliz quando se importar menos com a opinião dos outros. Nenhuma decisão tomada para se igualar aos outros é uma boa decisão.

Falamos sobre as pessoas que sofrem todos os dias de manhã para ir ao trabalho. Há outras que sofrem no fim da tarde porque têm que voltar para casa e encontrar o marido ou a esposa. (A vida de alguns infelizes consiste em sofrer no trajeto de ida e também no de volta; sua maior alegria é quando tem engarrafamento...) Não é o que você quer para a sua vida.

Procure alguém que você acredite que possa genuinamente compartilhar boas ideias e alegria — e faça o possível para manter aquela pessoa feliz. *Happy wife, happy life*, eles dizem em inglês: uma esposa feliz, uma vida feliz. E isso também serve para os maridos.

PERGUNTE A SI MESMO:

> Como você reage quando alguém traz uma notícia ruim? Você culpa o mensageiro ou fica grato pela informação?

> Você tem relacionamentos que acredita não lhe fazerem bem? Convive com gente que só fala de si mesma?

> Com quantas pessoas inteligentes você convive regularmente?

> Você continua apaixonado?

RESUMO

> Se as pessoas tiverem medo de você, não vão alertá-lo sobre os problemas até que seja tarde demais. Se os seus filhos tiverem medo, não vão pedir sua ajuda quando estiverem em situação de risco.

> Nós somos uma média das pessoas ao nosso redor. Tão importante quanto ser inteligente é se cercar de gente inteligente.

> O desempenho de um sócio ou funcionário brilhante não é duas ou três vezes melhor do que o de um mais ou menos. É cem ou mil vezes melhor.

> A universidade é um ótimo local para conhecer gente que vai ajudar você pelo resto da vida.

> *Happy wife, happy life.*

ACREDITE NAS SUAS INTUIÇÕES

O mundo das finanças é matemático. Racional. O preço das ações tem uma lógica. Se você conseguir decifrá-la, ficará rico.

George Soros sempre foi o homem perfeito para tal mundo. Seu biógrafo o descreveu como "frio como gelo", incapaz de demonstrar emoções ou se deixar afetar por elas. Quando um investimento dava certo, seu rosto mostrava uma satisfação contida. Quando não dava, era difícil perceber pela sua expressão facial neutra. Ele se mantinha calmo e equilibrado. Não era nem mesmo um homem de muitas risadas.

Soros nasceu em uma família judia que sobreviveu aos nazistas na Hungria. Foi estudar em Londres e acabou criando um famoso fundo de investimentos. Ele teve um retorno de 30% ao ano, em média, de 1969 a 2000. Isso significa que cada mil dólares investidos se tornaram mais de 3 milhões. Soros se tornou multibilionário.

Eis o triunfo da racionalidade, certo? Bom, eis o que disse o seu filho: "Meu pai vai sentar aí e contar mil teorias para explicar por que ele faz isso ou aquilo. Mas eu me lembro de vê-lo quando criança e pensar: meu Deus, ao menos metade disso é bobagem. O real motivo para ele comprar ou vender é porque suas costas começam a matá-lo de dor. Não tem nada a ver com a razão. Ele literalmente começa a ter espasmos, e isso é um sinal antecedente de alerta."

O que está acontecendo aqui? Então todo aquele papo de "homem frio e racional" era bobagem e na verdade Soros tem um dom sobrenatural? O sujeito se faz de matemático, mas na verdade é um místico?

———

Se você fosse apaixonado por futebol desde sempre e fosse ver o Messi de 16 anos jogando uma partida, logo perceberia que ele era extraordinário. Mas é provável que primeiro você sentisse isso e *só depois* conseguisse explicar. Ou seja, primeiro pensamos "esse garoto é diferente". Depois tentamos procurar os motivos. Às vezes é até difícil explicar.

A mente inconsciente é uma máquina de encontrar aquilo que está fora do lugar. Isso é feito para nos proteger.

Muitos relatos sobre o poder da intuição envolvem acidentes de trânsito. Uma mulher conta que dirigia para casa no caminho que sempre fazia à noite e parou em um cruzamento vazio. O semáforo ficou verde, mas ela sentiu que não deveria avançar. Era como se uma voz dentro dela dissesse o que fazer. Segundos depois, um carro desgovernado atravessou a rua na sua frente a toda velocidade.

Gostamos de um mundo previsível. Nele, podemos perceber minúsculos sinais de que há algo errado. Talvez seja um barulho estranho ao longe. Talvez uma luz na periferia do nosso campo de visão. Coisas que sequer percebemos conscientemente, mas que fazem a mente gritar: tem algo errado, perigo! Não sabemos o que é, mas o desconforto está lá para nos proteger.

Quanto mais vezes você já tiver feito alguma coisa, mais seu cérebro estará treinado naqueles padrões — e mais capaz ele será de reconhecer quando os padrões são quebrados. Um perito de arte pode dizer que um suposto Picasso não é um Picasso rapidamente, embora talvez demore um pouco para explicar. Simplesmente tem algo fora do lugar.

Perguntaram a Soros sobre essa questão da intuição trazida por seu filho. Ele respondeu: "Quando invisto, eu procuro situações de desequilíbrio no mercado. Situações dentro da regularidade enviam certos sinais para mim. De modo que minhas decisões são tomadas usando uma combinação de teoria e instinto. Se você quiser, pode chamar isso de intuição."

A intuição é filha do repertório acumulado.

É normal que a leitura e o estudo tornem você alguém muito racional, que menospreza um pouco as sensações em detrimento da reflexão. Isso é um erro.

É impossível ensinar os passarinhos a voarem. Não é olhando para um quadro negro que eles aprendem. Eles sabem voar porque... já voaram muito antes.

Sei que isso pode ser angustiante, porque implica que alguns conhecimentos não são conquistados em uma aula ou um curso, mas apenas ao longo de uma longa jornada.

Mas a inexperiência é o único problema que o tempo resolve sozinho. Se você encontrar algo que ama, vai querer dedicar muitas horas àquilo. Se dedicar muitas horas àquilo, os anos vão fazer o serviço de treinar o seu inconsciente.

Quando chegar a hora, escute-o.

———

ACREDITE NAS SUAS INTUIÇÕES | **157**

A intuição é só um exemplo de como a racionalidade é muito importante, mas não pode ser superestimada. Muito da sua felicidade derivará de saciar o corpo, mais do que a mente:

> Durma bem e bastante. Muitas das pessoas mais amarguradas são apenas pessoas com sono acumulado.
> Coma comida de verdade, sem aditivos artificiais, principalmente carne, salada e frutas.
> Faça exercícios. Se puder, dê preferência a atividades ao ar livre. Levante peso.

Nenhuma reflexão intelectual vai melhorar a sua qualidade de vida como essas três ações óbvias.

A maior parte da nossa tristeza se deve ao fato de que não estamos preenchendo alguma necessidade que milhares e milhares de anos de evolução natural criaram sobre nossos corpos. Não fomos feitos para sermos sedentários insones comedores de lasanha congelada preenchendo planilhas de segunda a sexta. Também não fomos criados para a solidão: nos bandos em que viviam os nossos ancestrais, o problema sempre foi muito mais conseguir ficar um pouco sozinho do que não ter com quem conviver.

Cuide da sua aparência. Você não precisa se igualar a um modelo, mas tente se cuidar e manter um aspecto saudável. A estética é um valor universal: "A beleza é uma recomendação maior do que qualquer carta de apresentação", escreveu Aristóteles mais de 300 anos antes de Cristo. Ninguém nunca perdeu um namorado ou uma namorada por ser apresentável demais.

Acima de tudo, não fume. Quem começa a fumar quando ainda é adolescente tem inacreditáveis 50% de chance de morrer por causa do cigarro. (E quase todo mundo que fuma começou ainda jovem.) Tudo isso por um negócio que nem dá barato. Dá pra morrer de maneiras mais espertas.

———

Saiba também que um pouco de dor é bom e que nosso corpo foi feito para suportá-la.

Quando vejo crianças na rua apanhando do skate ou levando uma bolada enquanto se aventuram a jogar com meninos um pouco maiores, penso que elas estão aprendendo uma ótima lição. Se ralar um pouquinho faz bem: nos ensina que nada é tão ruim assim, aumenta a nossa resistência.

Isso vale também, obviamente, para o sofrimento emocional: você não quer uma dor psíquica que seja o equivalente de quebrar uma costela, mas uns roxos ajudam a se tornar mais forte. Um pouco de dor na vida nos ensina que não adianta fugir do sofrimento, tentar ignorá-lo, porque ele sempre dá um jeito de nos perseguir. A única forma de vencê-lo é aceitando-o.

Lembre-se de que o amor também é uma criação evolutiva, e nenhum amor é maior que o amor de mãe — porque nenhum ímpeto biológico é maior do que o de uma genitora ao cuidar da sua prole. Tenha isso em mente e valorize a preocupação que sua mãe tem por você. Em geral, as mães são as únicas pessoas com quem o sujeito pode contar até quando é preso.

Digno de especial nota será que, na adolescência, você acaba se afastando um pouco dos pais. É normal e todos nós passamos por isso. É a hora de formar a nossa identidade, e isso exige não querer mais ser visto como dependente dos pais: a mesma criança que até pouco tempo atrás vivia pendurada no pai agora questiona se ele precisa mesmo deixá-la tão perto da porta da escola, onde todos podem ver. São anos em que nos preocupamos mais com a aprovação dos pares do que com a da família.

Mas um dia você vai voltar. A piada entre os pais é que, na criação dos filhos, o mais difícil são os primeiros 30 anos. Um dia você vai se surpreender com o quanto, no fim das contas, todos terminamos como alguma versão, melhor ou pior, mas nunca muito diferente, dos nossos pais.

Eu não posso aconselhar você a ter filhos, porque essa é uma decisão pessoal. O que posso é contar uma pequena história recente.

Na minha insegurança, eu tinha um grande medo. Tinha medo de que o meu filho mais velho, João, carregasse algum tipo de tristeza porque seus pais não são casados. Principalmente, temia que a minha presença apenas parcial em sua vida não permitisse uma real intimidade.

Outro dia, no banho, João segurou o sabonete como se não soubesse o que fazer com ele, me olhou e começou a me contar, apaixonado, sobre a Isabel.

Me contou, não bem nesses termos, que a Isabel era uma menina da sua sala, a mais linda não só do quarto ano como de todo o ensino fundamental e quiçá do sistema educacional sul-americano.

"Todos os meninos gostam dela", ele me disse, com certa irritação de quem descobre as dores do mundo competitivo. "E a Isabel, gosta de quem, filho?" "Papai, a Isabel não gosta de ninguém", decretou ele, resignado, e voltou a se ensaboar, porque afinal o banho é só o que nos resta.

E graças a Isabel senti com meu filho uma conexão que ainda não tinha experimentado.

Ter filhos é sentir um calor emocionado por pequenos momentos como esse, que se tornam gigantescos em nosso coração como nenhum outro evento. É um tipo de relação de intensidade com o mundo que nada mais pode oferecer. É algo até difícil de explicar para quem não tem filhos, algo que eu mesmo não entendia antes. A natureza funciona. Eu só soube o que meus pais sentiam quando tive filhos.

Recomendo muito que você se permita experimentar esse prazer neuroquímico do amor avassalador que é gerar crianças.

PERGUNTE A SI MESMO:

> Suas decisões são mais racionais ou mais intuitivas? Você consegue equilibrar as duas coisas?

> Você faz exercícios? Dorme bem? Come direito?

> Você se sentiu solitário alguma vez recentemente?

> Se sua mãe ainda vive, com que frequência você fala com ela?

RESUMO

> Intuição nada mais é do que repertório acumulado ao longo de anos. Escute-a.

> Se você fizer algo de que goste, vai dedicar muitas horas a isso. Se dedicar muitas horas, vai treinar sua intuição.

> Ninguém se torna mais feliz com argumentos, mas sim com uma vida que sacie necessidades construídas ao longo de milhares de anos de evolução: exercício, alimentação, socialização.

> Cair do skate ou levar uma bolada não é o fim do mundo e pode ensinar alguma coisa.

> A gente só entende o prazer neuroquímico de ter filhos depois que eles nascem.

ELOGIE 10

Falei antes sobre a importância de aceitar críticas e não levá-las para o lado pessoal.

Agora, uma segunda parte dessa história: quase ninguém é assim. Parta do princípio de que você quer receber boas críticas construtivas, mas que ninguém mais no mundo quer.

Veja o caso dos poetas Ferreira Gullar e Augusto de Campos.

Em 2016, quando ambos tinham 85 anos, os dois senhores se insultaram nos jornais por causa de um almoço que tiveram no restaurante Spaghettilândia, no Rio de Janeiro, em... junho de 1955.

Na ocasião, Ferreira Gullar teria constrangido Augusto de Campos ao dizer que ele não entendia a importância da obra de Oswald de Andrade, outro poeta, que tinha morrido no ano anterior.

Passados 61 anos, Gullar mencionou o almoço em uma coluna na *Folha de S.Paulo*. Afirmou que a crítica tinha sido útil, porque "o resultado dessa conversa foi que Augusto certamente foi reler Oswald e sem dúvida percebeu suas qualidades de escritor."

Augusto não tinha esquecido do episódio e replicou. Disse que Gullar estava senil, que seu cérebro era poroso como

ELOGIE | 165

um formigueiro e que quem nunca entendeu nada de poesia era o seu rival, porque "não sabia e não sabe inglês". Em 2011, ele já demonstrara guardar certa mágoa ao escrever que Gullar era "guloso", "ressentido", "mija na lata de lixo" e que "sua cabeça só funciona para engrandecer-se", mas que suas conquistas na vida não iam muito além de ser "campeão de bolinha de gude". (É assim que senhores de 85 anos brigam.)

Eis um importante conselho: nunca diga a um poeta em um almoço no Spaghettilândia que ele não entende de Oswald de Andrade. Você será odiado por décadas.

Pessoas são movidas por emoções. Quando criticadas, entram na defensiva. Seu orgulho fica ferido. Se suas críticas forem carregadas de humor ou com o mais ligeiro tom de humilhação contra a pessoa (ainda que mais percebido do que real), danou-se: ela vai lembrar disso para sempre e provavelmente odiá-lo, ainda que isso, claro, não seja a coisa certa a se fazer.

Não aponte o dedo para os outros ainda que você acredite que suas intenções tenham sido as melhores possíveis ou que racionalmente fosse a coisa certa a fazer. Seres humanos são assim: a vaidade engole a razão ainda no café da manhã.

Às vezes, você terá que fazer críticas por obrigação profissional: seria injusto não dar feedback aos seus subordinados, por exemplo, porque sua missão é torná-los melhores. Temos uma responsabilidade de apontar problemas para filhos, chefes, ou para quem nos pede explicitamente uma opinião sobre o seu trabalho.

Mas, se não é sua obrigação e se ninguém pediu, não ache que você é a justiça da galáxia, ou que tem um mandato para dizer a qualquer ser vivo que surgir na sua frente tudo que ele precisa ouvir.

Mesmo o mais canalha dos bandidos vê razões para tudo que fez, não se enxerga como vilão.

Pimenta Neves, o chefe do *Estadão* que matou a sua subordinada e ex-namorada Sandra Gomide, diria sobre si mesmo: "Eu nunca maltratei ninguém. Eu me dou com todo mundo. Pra mim é muito doloroso. Eu nunca disse uma palavra contra a Sandra" — como se não ter falado mal da garota importasse mais do que atirar nela. Al Capone, o criminoso mais famoso da história dos Estado Unidos, disse: "Passei os melhores anos da minha vida ajudando as pessoas, e agora sou insultado e perseguido."

Não existe uma pessoa que não se ache digna de elogios. Todo mundo quer ser reconhecido e admirado.

Como dizia uma pichação de maio de 1968 na França: "Chega de ações, queremos palavras."

———

O desejo cego e tão humano de receber elogios acaba tornando as pessoas mais vulneráveis. É fácil conquistá-las apenas... sendo uma pessoa legal.

Espalhe tudo de bom que souber sobre os outros. Fale bem de alguém para terceiros. As pessoas são fofoqueiras e provavelmente a mensagem chegará ao elogiado.

Mais do que tudo, fale bem das pessoas para todos com quem elas se importam. Elogie um colega de trabalho na frente dos seus filhos e da sua esposa. Fale bem dele na frente do chefe. Se tiver intimidade com a mãe de uma pessoa, ligue para ela e diga o quanto seu filho tem feito um trabalho admirável. Você fortalecerá laços fazendo isso.

Contudo, é importante ser verdadeiro. Não minta. Busque elogios sinceros e específicos. As pessoas sabem (embora não muito) quais elogios merecem e quais não merecem. A consequência disso é que você vai começar a se obrigar a buscar intencionalmente as qualidades das pessoas. Como todo mundo que começa a dedicar seu foco às coisas boas em vez de às coisas ruins, você vai se transformar em alguém mais positivo e feliz.

Faça um teste. Quando for bem atendido em um restaurante, chame o garçom após a refeição e diga: "Você é um extraordinário garçom, um dos melhores que já vi, queria agradecer por ter me atendido tão bem hoje." Você sentirá tanta alegria de falar isso com sinceridade para alguém e de ver a reação da pessoa que o prazer de ter comido bem até será ofuscado.

Os elogios são tão poderosos e geram tanto bem-estar para quem os faz e para quem os recebe que é um mistério para mim por que eles não são muito mais comuns.

Você vai ver também que todo mundo tem qualidades. Todo mundo. Certa vez, um candidato a prefeito foi questionado na TV: "Seu maior inimigo político, que o senhor declara corrupto e incompetente, tem alguma qualidade?" A resposta: "Ele é um ótimo pai." Uma resposta assim é capaz de fazer com que o acusado de corrupção e incompetência envie ao acusador uma mensagem de agradecimento.

Muitas vezes, nossa própria arrogância nos impede de compreender aquilo que consideramos defeitos nas pessoas. Rimos do sujeito na firma que cochila em reuniões sem saber que ele vira noites em um quarto de hospital ao lado do pai gravemente doente. Criticamos a falta de perseverança de alguém que desistiu de um trabalho em poucos meses sem saber que estamos falando de uma vítima de assédio. Tanta coisa pode acontecer. Tanta coisa acontece. A gente nunca sabe.

No trabalho, uma das boas maneiras de motivar uma pessoa é elogiando. Às vezes, vale a pena elogiar a qualidade do trabalho antes mesmo de tudo estar pronto. As pessoas são mais movidas pelo "poxa, agora não posso decepcionar" do que pelo "bom, tudo que eu faço é uma porcaria mesmo". Diversos estudos apontam que alunos elogiados aleatoriamente pelos professores de fato acabam tirando notas maiores.

Crianças são especialmente sensíveis a elogios. Muitos pais optam por berrar sobre mau comportamento. Seria muito melhor se aplaudissem os acertos, que tantas vezes passam despercebidos.

O falecido escritor e palestrante Dale Carnegie conta uma história que aconteceu com um cliente seu:

"Stan voltou para casa uma noite e encontrou Tim, seu caçula, gritando e esperneando na sala de estar. Ia começar o jardim de infância no dia seguinte e não queria ir. A reação normal seria mandar o menino para o quarto de castigo e dizer a ele que era melhor mudar de ideia.

Mas, naquela noite, percebendo que isso não deixaria Tim animado para começar a frequentar a escola, Stan se sentou e começou a pensar: *Se eu fosse Tim, por que ficaria animado com a ideia de ir para o jardim de infância?* Ele e a esposa fizeram uma lista de todas as atividades divertidas que o garoto faria — pintar com as mãos, cantar e fazer novos amigos. Em seguida, partiram para a ação.

Eu, minha mulher e meu outro filho começamos a fazer pintura com as mãos na mesa da cozinha, nos divertindo muito. Pouco tempo depois, Tim já estava nos espiando. Em seguida, se aproximou e pediu para participar. Eu respondi: Ah, não! Primeiro você precisa ir para o jardim de infância para aprender a pintar com as mãos. Então repassei a lista que eu e minha mulher tínhamos feito, mas de uma forma que ele pudesse entender, explicando que ele se divertiria muito no jardim de infância.

Na manhã seguinte, achei que tinha sido o primeiro a acordar, mas, quando fui para a sala, encontrei Tim na poltrona, dormindo profundamente. 'O que está fazendo aqui?', perguntei ao acordá-lo, e ele respondeu: 'Estou esperando para ir para o jardim. Não quero me atrasar.' O entusiasmo da família tinha despertado em Tim um desejo que nunca teríamos conseguido provocar com discussões ou ameaças."

———

O que eu gosto nessa história é o raciocínio subjacente. A pergunta que o sujeito se fez não foi "como vou impor minha decisão?", mas sim "o que faria meu filho querer ir para o jardim de infância?".

Eis uma frase que poderia ter saído tanto da boca de um grande humanista quanto da de um grande vendedor (ou, infelizmente, de um estelionatário): comece se colocando no lugar do outro. As pessoas querem resolver os problemas delas, não os seus. Mesmo as crianças: elas querem pintar com as mãos, não resolver o *seu* problema de ter um lugar para deixá-las durante o dia.

Perguntaram a Martin Luther King como era possível que ele, um pacifista, declarasse admirar um militar, o general

Daniel James, o homem negro com o posto mais elevado nas Forças Armadas americanas de então. King disse: "Julgo as pessoas com base nos princípios delas, não nos meus."

Demonstre interesse pelas pessoas. Faça perguntas genuínas sobre o seu trabalho, seus filhos, a sua vida, os interesses delas. Não fique falando de si mesmo o tempo todo. Não queira ser a noiva de todo casamento, o defunto de todo velório, o bebê de todo batizado.

As pessoas querem falar de si. Escute. Faça seus interlocutores se sentirem importantes. Eles vão se encantar ao perceber que você é um bom ouvinte. Esse é o jeito mais fácil e mais tradicional de fazer amigos, descrito em livros quase centenários cujos conselhos poucos colocam em prática. Ouça com interesse.

Alguns anos atrás, um jornalista se infiltrou na Polícia Militar do Rio de Janeiro para fazer uma reportagem contando como era o curso preparatório para ser soldado. Ele fez o concurso e foi selecionado.

Chegando lá, a sua maior preocupação era não ser descoberto. O risco era razoável: até seu jeito de falar era diferente, mais formal e culto. Além disso, chamaria muito a atenção caso descobrissem que ele morava no Leblon, bairro nobre do Rio de Janeiro, origem um pouco suspeita. Por que esse cara iria querer ser PM?

"Eu não queria chamar a atenção de ninguém", escreveu ele. Mas não era fácil. "Eles me diziam: 'Você não tem cara de soldado, tem cara de oficial. É a postura, a maneira de falar. Não tem cara de soldado, cara!' Sem ter o que dizer, eu apenas ria. Às vezes dizia que pretendia concorrer a oficial futuramente."

Uma vez alguém perguntou onde ele morava. Ele não queria mentir e disse que era no Leblon.

— Leblon?! Tá de sacanagem. Vou perguntar de novo: onde tu mora?

— No Leblon — repeti.

— Fala sério, meu irmão, onde tu mora? — perguntou quase gritando, descrente.

— No Leblon, porra!

— Não... Tu mora onde?

— Jacarepaguá — respondi, por fim.

— Ah, bom, porra. Que sacanagem. Mora no Leblon...

Preocupado, o jornalista adotou uma estratégia: fazer os outros falarem de si mesmos. "Passei a ter ainda mais certeza de que as pessoas adoram falar de si e se interessam muito mais por si mesmas e pelo que dizem do que pelas outras pessoas."

Problema resolvido.

Além de preservar sua intimidade em um quartel da PM, quem gosta de ouvir, com o tempo, constrói a reputação de ser atencioso e confiável. Poucas coisas podem ser mais válidas ao longo da vida.

Mais do que isso, você só ficará solitário quando quiser. Você não tem ideia do impacto que isso tem sobre a felicidade. Os psicólogos calculam que humanos dão risada 30 vezes mais quando estão com outras pessoas do que sozinhos. É muito raro a gente gargalhar sozinho. (É muito importante saber ficar sozinho, e eu espero que você tenha muitos ótimos momentos solitários na vida, mas que todos aconteçam porque você quis.)

———

Uma consequência de tudo isso é que não é uma boa ideia ser uma pessoa que, em qualquer ocasião social, acha que deve dar sua opinião política. Pior ainda é, depois de dar a sua opinião sobre política, querer mudar a dos outros. Você nunca vai convencer alguém. Política é basicamente viés de confirmação. Escolhemos um lado e a partir daí só nos importamos em ler ou escutar coisas que reforcem nosso pensamento. É como torcer para um time de futebol. Você já convenceu alguém de deixar de torcer para o Flamengo?

Se quiser convencer alguém de alguma coisa, busque os pontos de convergência entre vocês, não os de divergência. Não tente fazer os outros mudarem de opinião. Isso só vai atacar a autoestima deles e colocá-los na defensiva. Ainda mais on-line.

Disse o filósofo Blaise Pascal 350 anos atrás: "Para dizer a alguém que ele está errado, primeiro diga que ele está certo." Primeiro mostre que você entende os motivos da pessoa. Elogie. Isso vai abrir as portas para que a discussão seja de métodos, não de caráter. Você precisa que a pessoa primeiro concorde com você.

Mas, mais do que isso, quem somos nós para ter opinião sobre tudo? Na imensa maioria dos assuntos, sabemos muito pouco para opinar.

Haverá um momento em que alguém de quem você gosta muito vai lhe contar sobre uma situação delicada. Talvez a pessoa tenha uma doença grave. Talvez tenha acabado de perder alguém importante. De qualquer forma, ela estará muito triste. Sobretudo nestes momentos, se abstenha de dar opiniões. Não seja a pessoa que encontra o amigo com câncer e fica falando sobre força e pensamento positivo, questionando as escolhas dos médicos e sugerindo tratamentos alternativos, nem comece a falar sobre a vez em que *você* teve um problema de saúde. Diga apenas "eu te amo, eu estou aqui por você no que você precisar." Não queira saber mais do que as pessoas sobre as desgraças delas.

A escola ensina aos adolescentes que eles devem ter uma resposta para tudo. Redações opinativas fazem os alunos escreverem como se tivessem a solução final para a pobreza, para o combate ao crime e para o aquecimento global. O menino não sabe nem o que fazer com o bigode que está nascendo e queremos que ele resolva o problema do risco de um holocausto nuclear.

Talvez fosse melhor que, em vez disso, escrevessem textos mais narrativos sobre suas próprias vidas, angústias e experiências. Você não pode mudar o vestibular, mas pode ao menos construir a possibilidade de conversas mais significativas com os outros.

Sobre falar com os outros, eis aqui uma lição importante: tenha certo descaramento e seja oferecido.

A maior parte das pessoas nunca se oferece. Mande e-mails para as pessoas que você genuinamente admira. Compartilhe seu entusiasmo com o trabalho delas. Ao entrar em contato com alguém, pense sempre em dizer como você pode ser útil para a pessoa, e não como ela pode ser útil para você.

Você vai se surpreender com o quanto isso vai ajudar. Seja qual for a sua área. Se eu tivesse 19 anos e fosse, digamos, um fotógrafo começando a carreira, escreveria para alguém que admirasse muito dando detalhes sobre o quanto conheço o seu trabalho e me oferecendo para fazer qualquer coisa: carregar equipamento, limpar o estúdio, organizar a agenda. O que você tem a perder se a pessoa não responder ou não topar? Se não der certo, o custo é zero. Se der, você abre caminho para mudar de vida. Não espere que as coisas caiam do céu. Exponha-se às várias possibilidades. É um jeito sistemático de aumentar a chance de ter sorte.

Steve Jobs contou que, aos 13 anos, ligou para o presidente da HP, cujo telefone achou na lista telefônica, perguntando se ele não tinha umas peças de computador sobrando em casa. O sujeito achou fofinho e deu um estágio de férias para ele. (É mais fácil acharem você fofinho ao pedir alguma coisa se tiver 13 ou 19 anos, e não 50, infelizmente.)

Em tudo que você fizer, inclusive carregar equipamentos de fotografia, projete empolgação, confiança e curiosidade. Faça perguntas. Tente entender o que está acontecendo. Quem é quem. Como disse um famoso jogador norte-americano de beisebol: "A gente pode observar muito só olhando." Fique animado por estar ali.

A imagem que você projeta é uma profecia autorrealizável. Se você aborda alguém sorrindo e com cara de quem sabe o que está fazendo, é alta a chance de a pessoa acreditar. Se você parece inseguro e perdido, é provável que ela não lhe dê muita chance.

A IMAGEM QUE VOCÊ PROJETA É UMA PROFECIA AUTORREALIZÁVEL.

Pessoas sorridentes e empolgadas, por incrível que pareça, até vivem mais. Americanos examinaram as fotografias oficiais de 150 jogadores da Liga Principal de Beisebol de 1952. Em média, os que não sorriam morreram aos 73 anos, em comparação com a média de 80 anos entre aqueles que se deixaram registrar com um sorrisão largo. Um estudo parecido feito com freiras católicas encontrou o mesmo resultado. Ninguém sabe o motivo, mas talvez gente otimista e que demonstra felicidade simplesmente se encaixe melhor no mundo.

Seja oferecido também no amor. Se for solteiro e gostar de alguém, chame para sair, sempre respeitosamente, sempre deixando a pessoa confortável para dizer não sem maiores problemas. O que há a perder?

Mais do que tudo, elogie mais seu parceiro. Seja muito carinhoso. Claro que haverá brigas, mas tente fazer com que os momentos afetuosos sejam pelo menos dez vezes mais comuns do que os desentendimentos: você pode manter essa razão tanto ao diminuir os conflitos quanto ao reforçar as doçuras. Acredite no poder do "a culpa não é sua."

Saiba, porém, que relacionamentos não podem ser forçados, por mais que a gente deseje que eles deem certo. Muitas vezes, não sabemos nem o motivo pelo qual nos atraímos por uma pessoa e não pela outra. Algumas pessoas têm um cheiro que simplesmente faz com que a gente não consiga pensar em outra coisa, por exemplo. Há estudos que mostram que é uma forma de os corpos encontrarem sistemas imunes complementares, que darão aos filhos a maior proteção possível. Mas de que adianta racionalizar aquilo que é sentido?

Quando acontece, simplesmente acontece.

PERGUNTE A SI MESMO:

> Com que frequência você elogia seus pais, filhos, cônjuge, funcionários ou colegas?

> Quando vai a um restaurante, o que é mais comum para você: reclamar porque foi mal atendido ou agradecer quando é bem atendido?

> Quando você encontra alguém, faz perguntas sobre a vida da pessoa ou fica falando da sua?

> O quanto você sente necessidade de ter uma opinião sobre tudo?

RESUMO

> Todo mundo se considera digno de reconhecimento.

> As pessoas reagem muito mal a críticas. A melhor maneira de conseguir o que você quer é elogiando genuinamente.

> Ao buscar qualidades nas pessoas, você se tornará alguém mais positivo e feliz.

> A gente nunca sabe de verdade o que está se passando na vida das pessoas.

> Se quiser dizer que alguém está errado, primeiro diga que ele está certo.

11

TENHA UMA NOTA ALTA NO UBER

Em 1989, um conhecido disse a Amy Krouse Rosenthal que desejava apresentá-la a alguém. O rapaz se chamava Jason, e o amigo achava que os dois poderiam gostar um do outro. Eles combinaram de sair. Ambos tinham 24 anos.

"No fim do jantar, eu sabia que queria me casar com ele. O Jason? Bom, ele precisou de um ano."

Ele se estabeleceu em Chicago como advogado; ela, como autora de livros infantis. Tiveram três filhos. Quando o mais novo estava indo para a faculdade, em 2015, ela descobriu que o que acreditava ser uma apendicite era um câncer no ovário. Amy tinha 51 anos.

Ela então publicou um artigo no *The New York Times*. Eis um trecho:

TALVEZ VOCÊ QUEIRA SE CASAR COM MEU MARIDO

Estou casada com o homem mais extraordinário do mundo há 26 anos. E estava planejando ficar pelo menos mais 26 anos junto com ele.

Nunca estive no Tinder, mas quero criar um perfil para Jason aqui mesmo, baseado na minha experiência de conviver na mesma casa com ele por 9.490 dias.

Ele adora cozinhar. Depois de um longo dia, não há alegria maior do que o ver colocar uma sacola de compras no balcão e me oferecer um queijo gostoso antes de começar a fazer o jantar.

Este é o tipo de homem que Jason é: ele apareceu no nosso primeiro ultrassom de gravidez com flores. Temos uma filha de 19 anos que prefere ir a um show com o pai do que com qualquer outra pessoa.

Minha primeira tatuagem foi um pequeno "j" minúsculo que está no meu tornozelo há 25 anos. Você consegue adivinhar o que ela representa. Jason também tem uma tatuagem, mas com mais letras: "AKR"

Eu mencionei que ele é incrivelmente bonito? Vou sentir falta de olhar para o seu rosto.

Eu quero mais tempo com Jason. Quero mais tempo com meus filhos. Quero mais tempo no Green Mill Jazz Club nas noites de quinta. Mas isso não vai acontecer. Eu provavelmente tenho apenas alguns dias agora. Então por que estou escrevendo este texto?

Escrevo este texto no Dia dos Namorados. O presente mais genuíno que posso esperar é que a pessoa certa leia isso, encontre Jason e outra história de amor comece.

Amy morreria dez dias depois de o artigo ser publicado.

———

O texto viralizou internacionalmente. O marido, perplexo, relatou ter recebido um mar de mensagens femininas: "Algumas excessivamente diretas, outras engraçadas, sábias, tristes, sinceras", disse ele. Uma mulher mandou uma carta de seis páginas. Outra fez propaganda: "Eu sei como verificar o radiador do veículo para ver se ele precisa de um pouco de água antes que o motor exploda." Um garoto perguntou se poderia inscrever a mãe.

Jason não respondeu nenhuma das cartas. Disse que tinha dificuldade de não poder mais se definir como "o marido da Amy." Constatou que nunca mais jantariam juntos todos os cinco: ele, Amy e os filhos. "É preciso encontrar significado novamente", escreveu.

A morte tem um efeito poderoso: ela nos permite enxergar o que realmente importa.

É fácil se deslumbrar com as grandes conquistas financeiras: a cobertura, o carro importado, o computador de última geração, a viagem na primeira classe. São aspirações honestas. Este livro está longe de menosprezar as vantagens de pertencer à elite financeira. Quase todo mundo que fala que dinheiro não é importante está mentindo ou já é rico.

Nada que você possa comprar com o cartão de crédito, porém, se compara à lembrança do parceiro de uma vida chegando com flores para o primeiro ultrassom do bebê de vocês.

Não há felicidade fora das relações humanas. Ninguém no leito de morte jamais escreveu um texto no *The New York Times* dizendo: "Talvez você se interesse pelo meu Audi."

Corra atrás do dinheiro e do sucesso. Há ampla literatura científica mostrando que a posição social pode aumentar ou diminuir a sua sensação de felicidade. Pessoas que se consideram bem-sucedidas relatam gostar mais da vida. Têm maior expectativa de vida. Conseguem dar oportunidades melhores para os seus filhos.

Mas tenha em mente que a jornada em busca do sucesso só faz sentido se for partilhada com quem amamos, aproveitando ao máximo os pequenos momentos domésticos e familiares.

Quando a morte estiver por perto, é disso que vamos lembrar. Eis o que passava pela cabeça de um tenente americano na Segunda Guerra que mandou uma carta para a mulher:

"Quando eu chegar em casa, primeiro colocarei pijamas. Tomarei também algumas garrafas de leite.

Banhos quentes também estão na ordem do dia.

Mas deixarei o melhor para o fim: vamos passar um dia inteiro acionando a descarga no vaso só para escutar a água correr."

———

Talvez não seja exato dizer que subestimamos a importância das relações sociais. O mais correto é dizer que valorizamos as relações sociais erradas.

Muitas pessoas atuam com três padrões. Com os chefes, os ricos, os influentes, são sorridentes, gentis, dóceis. Em casa, são menos amigáveis: já não é necessário fingir. Mas é com as pessoas em situação social ou financeira inferior que se revelam: são grosseiros e arrogantes com qualquer porteiro, garçom, entregador.

Ser ursinho carinhoso com os ricos e leão com os pobres revela mau caráter. Nas palavras de Millôr, "quem se curva aos poderosos acaba por mostrar a bunda aos oprimidos."

Passageiros também recebem nota no Uber, dada pelos motoristas. Nassim Nicholas Taleb aponta que ela diz mais sobre alguém do que qualquer item do currículo. Tenha uma nota alta no Uber. Não seja grosseiro ou relaxado nem trate como invisíveis os anônimos que estão lhe servindo. Acima de tudo, agradeça.

Faça isso nem que seja por motivos egoístas. É longa a lista de estudos demonstrando que a gratidão tem impacto positivo no bem-estar humano. O trabalho do psicólogo Martin Seligman, da Universidade da Pensilvânia, ficou famoso quando ele pediu que voluntários escrevessem uma carta de gratidão para alguém e a entregassem pessoalmente.

Podia ser qualquer pessoa: um professor da escola que fez a diferença, um amigo que esteve presente em um momento difícil, um parente que zelou pelo voluntário quando ele era criança, um chefe ou colega de trabalho que mudou sua vida. A única coisa importante era que essa pessoa nunca tivesse recebido o merecido agradecimento.

Os resultados não foram apenas significativos. Foram imensos. Os participantes ficavam radiantes. É o tipo de coisa emocionante: quem recebe uma carta assim chora, quem está entregando chora junto, as pessoas se abraçam. O efeito positivo de uma única carta sobre a felicidade dos voluntários não durou horas nem dias. Durou meses. Os voluntários ficaram mais satisfeitos, motivados, entusiasmados.

COMO ESCREVER UMA BREVE MENSAGEM DE GRATIDÃO

Querido [nome],
Queria lhe escrever para agradecer. Eu nunca lhe disse isso, mas você teve grande impacto sobre mim. Se não fosse você, eu não teria... [explicar como a pessoa lhe ajudou ou transformou].
Um caso de que me lembro foi o dia em que... [completar com um ou mais exemplos concretos].
Isso foi importante para mim porque... [explicar].
Espero que você continue sendo essa pessoa incrível.
Muito obrigado.

Abraços,
[Assinatura]

A ideia de que a motivação humana se constrói unicamente ao redor do desejo de acumular ganhos materiais tem sido há muito questionada, inclusive por economistas.

O prêmio Nobel Gary Becker foi um dos primeiros a apontar que as pessoas podem encontrar imenso bem-estar fazendo algo *pelos outros*. "As interações entre as pessoas", ele escreveu, "podem ocorrer por amor e por senso de dever (e também por culpa ou obrigação), muito mais do que apenas por interesse em ganhar alguma coisa."

Não se pode dizer que Becker não praticava o que teorizava.

O economista Steven Levitt lembra bem de quando foi contratado como professor assistente da Universidade de Chicago. Começando a sua carreira, ainda muito inexperiente, ele era um absoluto desconhecido em um departamento de economia cheio de estrelas. A maior delas era Becker, então com 70 anos.

Figurões como Becker publicavam suas pesquisas e orientavam alguns poucos alunos de doutorado. Cabia a professores mais iniciantes, como Levitt, dar quase a totalidade das aulas na graduação.

Levitt tem duas lembranças principais de Becker. Uma envolve o ganhador do prêmio Nobel sendo casualmente agradável ao dizer que o trabalho do jovem economista era muito interessante e promissor. Todo iniciante carrega dentro de si um pouco de insegurança e dúvida em relação a sua capacidade de ir adiante. Becker achava que seu papel era estimular os mais novos.

A outra lembrança vai além da mera simpatia: no ano seguinte à sua contratação, a esposa de Levitt deu à luz ao primeiro filho do casal, Andrew. Certo dia, quando tinha pouco mais de um ano de idade, o menino teve uma febre e começou a vomitar. Levitt e a esposa o levaram ao hospital. Poucos dias depois, ele morreria de meningite.

Destruído pelas circunstâncias, Levitt passou semanas sem dar aulas. Quando conseguiu se recompor minimamente, voltou à turma de graduação para a qual ministrava uma disciplina de introdução à economia. Preocupado com a possibilidade de os alunos serem prejudicados, fez um plano para recuperar o tempo perdido.

Mas descobriu que, enquanto estava longe, Gary Becker havia ido até a sua turma e dito que, se eles não se incomodassem, assumiria a função de professor substituto enquanto Levitt não voltasse. E foi assim que uma classe de jovens de 18 ou de 19 anos recebeu semanalmente um dos maiores economistas de todos os tempos, o guru dos gurus, para lhes ensinar alguns dos conceitos mais básicos da disciplina.

Nem tudo é por dinheiro.

———

"Uma vez eu fui almoçar com Becker", diz Levitt, "e a conversa foi parar no tema vícios. Falei que o consenso era que o crack era a droga mais viciante no planeta." Becker respondeu: "Na verdade, pessoas são a coisa mais viciante no planeta." Tente ficar em uma cela solitária, por anos, sem ver ninguém.

Deveríamos ser radicalmente beckerianos. Misture-se com quem está começando. Vá atrás de conhecer gente diferente. Se você é adolescente, jogue bola com gente que estuda em escolas piores, que vive em áreas rurais e afastadas, que não frequenta as lojas que você frequenta.

Leia livros diferentes de tudo que você já comprou. Veja filmes comerciais, mas também os alternativos. Escute músicas que seus amigos não escutam, experimente diferentes tipos de comida. Conheça pessoas de mundos diferentes do seu e se permita relacionar-se com elas sem preconceitos.

Em termos sexuais, quando for o momento, não faça nada que você não queira, mas também, com consentimento, não deixe de fazer nada que você queira. Como escreveu Contardo Calligaris, "em geral renunciamos ao prazer muito mais do que precisaríamos." Não se reprima e, acima de tudo, não reprima os outros.

Diversidade de experiência é muito importante. Do ponto de vista da criatividade humana, viver em uma tribo de iguais é um desastre. Se você pensar como todo mundo, nunca terá uma ideia original. Seja um outsider. Você tem muito mais a aprender com quem é diferente do que com quem é igual. O pensamento único não serve a nada, a não ser a projetos autoritários. Quando nos fechamos numa bolha, viramos extremistas.

A EMPATIA PELA HUMANIDADE É O ÚNICO CAMINHO POSSÍVEL.

Mesmo que tudo dê certo na sua vida financeira, talvez você se depare com o que Freud chamou de fracasso dos que triunfam. Você pode virar o CEO mais importante do mundo, mas, se não fizer algo de bom pelos outros, se tiver uma mentalidade extrativista ou arrogante perante a comunidade ao seu redor, ainda assim haverá um vazio dentro de você. Eu ainda me surpreendo com a quantidade de pessoas incrivelmente bem-sucedidas que têm relações ruins ou distantes com seus filhos.

Nosso ego pode ser imenso, mas daqui a duzentos anos ninguém se lembrará de nós. Talvez sejamos esquecidos muito antes disso. "O tempo é um grande mestre", observou um compositor, "mas infelizmente ele mata todos os seus discípulos." Não digo isso em um tom triste, mas sim propositivo: nossa única herança real é o impacto que causamos na vida dos outros.

Dediquei este livro aos meus filhos porque essas eram as lições que eu gostaria de deixar para eles. No campo do impacto sobre a vida alheia, porém, eles têm muito mais a me ensinar do que eu a eles.

Sempre fui um sujeito introspectivo, nunca fui muito de curtir Carnaval, de festa, de ser exuberantemente feliz. Como contei no início deste livro, sempre tive um pouco de síndrome do impostor: logo vão descobrir que não sou tudo isso, logo serei exposto como alguém que teve mais sorte do que brilhantismo.

Com João e Maria (e agora com Gabriel), descobri um amor que nunca tinha sentido. Graças a meus filhos, passei a gostar de mim de uma forma que ainda não experimentara. Talvez eu seja um bom pai. Se posso ser um bom pai, posso ser qualquer coisa.

Esses conselhos são também uma tentativa de retribuir, de fazer com que meus filhos saibam o quanto devo a eles. No fundo, esta é *a minha carta de gratidão*. Mais do que tudo, quero dizer: continuem fazendo coisas maravilhosas pelas pessoas. Vocês três começaram muito bem.

PERGUNTE A SI MESMO:

> Se você fosse escrever uma carta de gratidão, para quem seria? O que o impede de fazer isso neste momento? (Sugestão: entregue pessoalmente.)

> Como você trata os porteiros, os motoristas, os garçons?

> Qual sua melhor lembrança com a pessoa que você mais ama? Com que frequência você pensa nesses momentos?

> Você vive dentro de uma bolha em que todos pensam e agem da mesma maneira? Quantos amigos com visões de mundo opostas à sua você tem?

RESUMO

> A jornada em busca do sucesso só faz sentido se for compartilhada com quem amamos: nada se compara ao prazer dos pequenos momentos domésticos e familiares.

> Mostrar-se grato tem um impacto positivo brutal sobre nossa satisfação com a vida. Os ranzinzas e arrogantes pagam o preço.

> Não seja um babaca com quem está lhe prestando um serviço e um docinho com os poderosos. Mais do que incoerente, é constrangedor.

> Temos muito mais a aprender com quem pensa diferente de nós do que com quem pensa igual. Se você viver em uma bolha, nunca terá uma ideia original.

> Nossa única herança real é o impacto que causamos na vida dos outros.

CONCLUSÃO

magine que eu vire o ditador do Brasil. Meu propósito, além de colocar meu rosto nas raríssimas notas de 200 reais e trocar o "Ordem e Progresso" da bandeira por "Felipe e Miranda", é acabar com a desigualdade.

Todos sabem que os filhos dos ricos se beneficiam de tudo que o dinheiro pode comprar em termos de educação. Vou mudar isso. No meu Brasil, teremos prioridades: o dinheiro público será dedicado a construir as melhores escolas do mundo e a contratar o Messi para o Corinthians.

Meu modelo é a Dinamarca. Suas creches, escolas e universidades são tão boas que o pequeno Lars, filho de um CEO, estuda lado a lado com o pequeno Henrik, cujo pai é motorista de ônibus.

Sou um ditador esclarecido, porém, e decidi chamar um dos maiores especialistas do mundo em desigualdade para me ajudar. É o prêmio Nobel de economia James Heckman. Em agradecimento, posso colocar o rosto dele na nota de, digamos, cinco reais. (A de cem já estará prometida para o Messi, e ainda é preciso compor o resto do elenco.)

Heckman vai me mostrar dados nada intuitivos que me deixarão deprimido em relação a meus planos. Mesmo que eu consiga fazer as melhores escolas do mundo.

Nos Estados Unidos, mesmo na rede pública os alunos são divididos por bairros. Nas áreas mais pobres, as escolas em geral são muito ruins.

Mesmo assim, a chance de uma criança pobre dinamarquesa ascender à elite pelo estudo e pelo trabalho não é maior que a chance de uma criança americana.

Como assim? Países como a Dinamarca não estão entre os menos desiguais do mundo? Sim, mas isso ocorre porque o governo cobra impostos elevados dos ricos e transfere o dinheiro em ações para os mais pobres. As crianças dinamarquesas pobres *não* estão conseguindo empregos de elite, ao menos não mais do que as americanas.

Repare que não estamos falando de herança. Estamos comparando as *rendas do trabalho*, não o patrimônio, dos filhos. Lars senta do lado de Henrik por anos. Tem os mesmos professores. Usa os mesmos materiais. Quando ambos têm 35 anos, Lars ganha duas vezes o salário de Henrik.

É mais difícil encontrar dados para o Brasil, mas um estudo mostra que se o México tivesse o mesmo nível de transferência de renda que a Dinamarca, a Finlândia ou a Bélgica seria tão igualitário quanto esses países. O México! Você nunca ouviu alguém falar das maravilhosas escolas públicas mexicanas.

As incríveis escolas igualitárias da Dinamarca não são um passaporte para o sucesso profissional.

O que explica isso?

Claro que acesso universal a boas escolas ajuda muito. Certamente aumenta a renda média. Em todo o ano de 2020, o dinamarquês médio levou 61 mil dólares para casa. O brasileiro, menos de 7 mil.

Mas por que a mobilidade social continua difícil? Por que é tão complicado para o filho de uma família dinamarquesa pobre se tornar parte da elite?

Criou-se um consenso social de que a educação é a fonte de toda habilidade. Na escola é que se aprende. No resto do dia, as crianças e adolescentes estão socializando ou descansando.

Isso é um erro.

Há um tipo de aprendizado que não depende da escola.

Os filhos dos ricos se beneficiam de um tipo de aula que dificilmente algum governo replica para os pobres.

"A ideia sempre foi que dar acesso [a ótimas escolas] resolveria. Soa perfeito. Bom, adivinhe. Acesso igualitário não resolve. Os dinamarqueses não conseguem eliminar a fonte fundamental de desigualdade de renda. Obviamente, a fonte fundamental é a família. Ninguém gosta de falar disso, mas a família é tudo", diz Heckman.

Pais bem-sucedidos conseguem ensinar os filhos a ganhar dinheiro.

Isso pode acontecer em dois níveis.

No primeiro, eles ajudam os filhos em questões concretas. Pense na escolha da carreira, por exemplo. Uma garota de 12 anos que gosta de ajudar os outros e é apaixonada por biologia poderia ser apenas uma adolescente meio excêntrica em uma família com pouca instrução. Pais com mais repertório podem transformar isso em uma produtiva conversa sobre a possibilidade de estudar medicina. Descobrir quem se é e do que se gosta e como chegar lá é uma jornada muito solitária para a maioria das pessoas. Filhos de famílias bem-sucedidas têm nos seus pais um atalho.

Outro exemplo é a primeira entrevista de emprego. O filho de um alto executivo ou de uma psicóloga renomada conta com alguém para treiná-lo. O que eles vão perguntar? O que falar? Como se vestir? O que *eu* devo perguntar? Por mais que pesquisem, filhos de famílias mais humildes dependem muito mais de si mesmos.

Mas há um segundo nível, ainda mais importante.

Pais que ganharam dinheiro servem de modelo *financeiro* para os filhos. Eles ensinarão sobre a importância de investir, conforme discutimos no Capítulo 3. Que raios é a Bolsa de Valores? Famílias ricas sabem. Famílias ricas conversam sobre isso. As crianças em algum momento percebem que, quando as ações se valorizam, papai fica feliz.

Filhos de famílias mais pobres tendem a ouvir muito sobre a importância de conseguir um salário, enquanto pais empresários ou profissionais liberais entendem melhor como montar um negócio em sociedade é mais lucrativo, conforme discutimos no Capítulo 6. Seus filhos enxergam seu exemplo. Sabem por onde começar.

É razoável imaginar que um empresário de sucesso tenha mais repertório de negociação e persuasão do que a média das pessoas, porque sua vida consiste nisso. Ele leva isso para dentro de casa. Falamos sobre esse assunto no Capítulo 10, aquele sobre como conseguir que as pessoas gostem de você e façam o que você quer.

Se Heckman estiver certo, a casa é um ambiente de aprendizado tão importante quanto a escola. Talvez mais. Muitas lições fundamentais não dependem da renda dos pais: caráter, generosidade, afeto. Mas, infelizmente, pais ricos em geral sabem melhor como ganhar dinheiro.

Mas há uma forma de driblar esse problema.

Heckman aponta os excepcionais resultados obtidos por escolas públicas americanas que apontam adultos bem-sucedidos e voluntários para serem mentores dos alunos mais pobres.

Ao longo dos anos, eles conversam com os alunos sobre como entrar na universidade, escolher uma carreira, ganhar dinheiro, como se portar, como lidar com os outros em um ambiente profissional. "É o que muitos pais fazem, mas é o que essas crianças não têm", diz Heckman.

Na Filadélfia, onde um programa assim existe desde 1989, os mentores inclusive levam o estudante para visitar universidades onde ele poderia estudar — algo que as famílias ricas fazem pelos seus filhos. Em tese, o mentor atua dos 14 aos 18 anos. Na prática, muitos dos alunos das primeiras turmas ainda se aconselham com os seus mentores, vários já idosos.

As lições da riqueza podem ser aprendidas em casa, mas não apenas lá. Pode haver outros mentores. Um tio, um professor, um chefe atencioso.

Ou pode haver um livro.

A minha contribuição foi organizar essas lições da riqueza nesta obra para você. Não é preciso ser filho de bilionário para aprendê-las e começar a ganhar dinheiro. Não é preciso sequer ser muito jovem.

É como me escreveu uma cliente:

"Tenho 47 anos, sou servidora pública do Tribunal de Justiça. Conheci a Empiricus há um pouco mais de três anos. Fui aprendendo, ficando mais confiante com dinheiro. Nunca tinha ido além do banco em que tinha conta. Nem sequer sabia que existia um mundo fora dele. Com o tempo, consegui identificar o que eu realmente queria e fazia sentido para mim. Comecei com 228 mil reais e hoje estou chegando nos 700 mil. Minha meta é chegar no primeiro milhão em um ano e meio. Mas o que eu queria contar mesmo é isto: esta semana, eu estava conversando com minhas colegas de trabalho. Uma contou que fez botox e preenchimento com ácido. A outra, que fez luzes no cabelo, hidratação e comprou um monte de produtos caros. Fui obrigada a dizer que, embora não tenha feito nenhum procedimento estético, tinha comprado um lote de ações e umas cotas de fundos imobiliários. Posso não ser a mais bonita, mas com certeza sou a mais independente."

Podemos ser como ela se aprendermos as lições e a mentalidade correta.

Após 11 capítulos, agora estamos em condições de juntar estas lições em um arcabouço final e único.

Não é complicado. Este livro se resume a Três Grandes Ações Para a Riqueza.

Falamos de muitos ciclos neste livro. Autoconhecimento leva a sucesso, que leva a mais autoconhecimento. Dinheiro gera paz de espírito, que gera mais dinheiro. Generosidade com os outros cria felicidade que, por sua vez, nos deixa mais generosos.

E se juntássemos todos estes ciclos? Este é o ciclo final. Podemos chamá-lo de Roda do Sucesso:

A RODA DO SUCESSO
Tudo que aprendemos em um gráfico

AUTOCONHECIMENTO
Primeiro você busca entender quem é e no que pode ser bom (Capítulo 1). Gasta com o seu futuro (3), e não para impressionar os outros (2)

SUCESSO
Quando as coisas derem certo, você terá a intuição excepcionalmente bem treinada (9) e uma capacidade única de retribuir ao mundo fazendo algo para os outros (10 e 11), exercendo a empatia e não a arrogância

EXECUÇÃO
Sabendo quem você é, assuma o controle da sua vida: abrace a aleatoriedade do mundo e seja insistente (4), assuma a responsabilidade (5), saiba correr riscos controlados (6), continue a aprender (7) e cerque-se de pessoas inteligentes (8)

Apenas três coisas! É muito simples, mas você vai precisar de algumas décadas para resolver.

Na verdade, o ciclo nunca acaba: o sucesso nunca é final, o autoconhecimento é uma obra contínua, cada novo passo demanda uma nova execução.

Cada etapa da vida é uma volta nesta roda. Escolhemos uma profissão que consideramos a melhor para nós, em uma tentativa de autoconhecimento. Executamos nossa decisão: estudamos para entrar em uma boa universidade. Se tudo der certo, sucesso! Chegamos lá. Mas chegamos onde? No primeiro dia do próximo projeto.

Anos atrás, um jogador de base do Flamengo chamado Lucas Silva foi entrevistado após uma vitória em um campeonato sub-20. Surpreendido pelas câmeras, deu uma declaração emocionante à beira do campo: "Foi muito difícil chegar aonde eu cheguei, mas ainda não cheguei em lugar nenhum."

A vida é aquilo que acontece enquanto a gente tenta a próxima coisa. Muitos apontam isso como sinal de que não há sentido algum na nossa existência. A mensagem deste livro é radicalmente oposta: nosso caminho pode ser muito feliz e cheio de propósito se, ao fim, soubermos que chegamos muito mais longe do que as circunstâncias pareciam reservar para nós.

REFERÊNCIAS

CAPÍTULO 1

> "Um dia (e um filme)" com José Galló: Brazil Journal, 27 de janeiro de 2018.

> *O poder do encantamento*, de José Galló. Editora Planeta, 2017.

> *Transformando suor em ouro*, de Bernardinho. Editora Sextante, 2011.

> *A máfia dos bombardeiros*, de Malcolm Gladwell. Editora Sextante, 2021.

> *Desafio no gelo*, filme de 2004 de Gavin O'Connor.

> "How to Do What You Love", de Paul Graham, publicado no site <paulgraham.com> em janeiro de 2016.

> *O almanaque de Naval Ravikant*, de Eric Jorgenson. Editora Intrínseca, 2022.

> "National Occupational Employment and Wage Estimates", no site do U.S. Bureau of Labor Statistics.

> "Apaixonado por futebol, André Esteves enfrentou dificuldades na infância." *Folha de S.Paulo*, 13 de dezembro de 2015.

> "O valor do hoje." *Revista Época Negócios*, 1º de julho de 2011.

> "Drauzio Varella foi professor de cursinho." *Folha de S.Paulo*, 11 de dezembro de 1995.

CAPÍTULO 2

> "Entre 40% e 60% dos carros de luxo são financiados." *Revista Quatro Rodas*, 15 de março de 2018.

> "Nassim Taleb: my rules for life." *The Guardian*, 24 de novembro de 2012.

> "Wage Slavery or Creative Work?", de John Mirowsky. Society and Mental Health, julho de 2011

> "The Big Man Can't Shoot." Podcast Revisionist History, 30 de junho de 2016.
> "I was coaching 5th grade girls basketball...". Reddit. Novembro de 2021.
> Coleção Harry Potter, publicada no Brasil pela Editora Rocco.
> *Vida*, de Keith Richards. Globo Livros, 2010.

CAPÍTULO 3

> *Bilhões e bilhões*, de Carl Sagan. Companhia das Letras, 2008.
> *O homem que decifrou o mercado*, de Gregory Zuckerman. Alta Books, 2020.
> *A psicologia da riqueza*, de Morgan Housel. HarperCollins, 2021.
> *A bola de neve*, de Alice Schroeder. Editora Sextante, 2020.

CAPÍTULO 4

> *Yesterday*, filme de 2019 de Danny Boyle.
> "Beatlemania", de Cass Sunstein. *Journal of Beatles Studies*, 1º de fevereiro de 2022.
> "Experimental Study of Inequality and Unpredictability in an Artificial Cultural Market", de Matthew Salganik e outros. *Science*, 10 de fevereiro de 2006.
> *Searching For Sugar Man*, documentário de 2012 de Malik Bendjelloul.
> "Roger Federer Stats", no site da ATP Tour, em janeiro de 2022.
> *Toy Story*, filme de 1995 de John Lasseter.

CAPÍTULO 5

> "Blue Genes? Understanding and Mitigating Negative Consequences of Personalized Information about Genetic Risk for Depression", de Matthew Lebowitz e Woo-Kyoung Ahn. *Journal of Genetic Counseling*, publicado online em 7 de agosto de 2017.
> "Fixable or fate? Perceptions of the biology of depression", de Matthew Lebowitz e outros. *Journal of Consulting and Clinical Psychology*, publicado online em 1º de junho de 2014.
> "How People Learn to Become Resilient", de Maria Konnikova. *The New Yorker*, 11 de fevereiro de 2016.
> *Positive Interactions with At-Risk Children*, de Mojdeh Bayat e Naseem Jamnia. Routledge (Estados Unidos), 2019.
> *Choice or chance*, de Stephen Nowicki. Prometheus Books (Estados Unidos), 2016.

> *O segredo do best-seller*, de Jodie Archer e Matthew Jockers. Editora Astral, 2017.
> *De zero a um*, de Peter Thiel. Editora Objetiva, 2014.
> *O arco-íris de Feynman*, de Leonard Mlodinow. Editora GMT, 2005.

CAPÍTULO 6

> *Uma noite em 67*, documentário de 2010 de Renato Terra e Ricardo Calil.
> "People stop listening to new music at 33, study shows", de Luke Morgan Britton. NME, 1º de maio de 2015.
> "The Songs That Bind", de Seth Stephens-Davidowitz. *The New York Times*, 10 de fevereiro de 2018.
> "Some 80s music my dad still listens to til this day." Vídeo no YouTube: <youtu.be/q6zrcUkXfgc>.
> *O salmão da d*úvida, de Douglas Adams. Editora Arqueiro, 2014.
> *Guia de escrita*, de Steven Pinker. Editora Contexto, 2016.
> "This Is The Story Behind Shazam", de Andrew Warner. Site <Mixergy.com>, 3 de novembro de 2014.
> "Who here loves their career and why", em <reddit.com/r/Accounting>.

CAPÍTULO 7

> "Summers: Thiel Fellowship 'The Single Most Misdirected Bit of Philanthropy in This Decade'", de Samuel Weinstock. The Crimson, 14 de outubro de 2013.
> "College Doesn't Create Success", de Peter Thiel. *The New York Times*, 8 de setembro de 2014.
> "Peter Thiel Thinks You Should Skip College, and He'll Even Pay You For Your Trouble", de Tom Clynes. *Newsweek*, 22 de fevereiro de 2017.
> *O médico e o monstro*, de Robert Louis Stevenson. Editora Principis, 2019.
> *Agassi*, de Andre Agassi. Globo Livros, 2010.
> *A marca da vitória*, de Phil Knight. Editora Sextante, 2016.

CAPÍTULO 8

> "Relatório Final A-013/Cenipa/2017", Comando da Aeronáutica, Centro de Investigação e Prevenção de Acidentes Aeronáuticos, janeiro de 2018.
> *Inferno*, de Max Hastings. Editora Intrínseca, 2012.

> *Steve Jobs*, de Walter Isaacson. Editora Companhia das Letras, 2011.
> *Jony Ive*, de Leander Kahney. Editora Portfolio, 2013.

CAPÍTULO 9
> *Soros: Definitivo*, de Robert Slater. Editora Campus, 2009.
> *Blink*, de Malcolm Gladwell. Editora Sextante, 2016.

CAPÍTULO 10
> "Encontro com Oswald", de Ferreira Gullar. *Folha de S.Paulo*, 12 de junho de 2016.
> "Um memorioso formigueiro mental", de Augusto de Campos. *Folha de S.Paulo*, 15 de junho de 2016.
> "Sobre a gula", de Augusto de Campos. *Folha de S.Paulo*, 30 de julho de 2021.
> "Pimenta Neves revela amizade com irmãos Cravinhos e diz que poderia estar no exterior." TV Record, 3 de novembro de 2013.
> *Como fazer amigos e influenciar pessoas*, de Dale Carnegie. Editora Sextante, 2019.
> *No intenso agora*, documentário de 2017 de João Moreira Salles.
> *O infiltrado*, de Raphael Gomide, em 30 de outubro de 2018.
> *Psicologia*, de David Myers. Editora LTC, 2017.
> "How Can You Convince Someone They're Wrong?". Freakonomics Podcast, em 3 de outubro de 2021.
> "Smile Intensity in Photographs Predicts Longevity", de Ernest Abel e Michael Kruger. *Psychological Science*, abril de 2010.

CAPÍTULO 11
> "You May Want to Marry My Husband", de Amy Krouse Rosenthal. *The New York Times*, 3 de março de 2017.
> *Inferno*, de Max Hastings. Editora Intrínseca, 2012.
> "Giving thanks can make you happier", *Harvard Health Publishing*, 2021.
> "Positive psychology progress: empirical validation of interventions", de Martin Seligman e outros. *American Psychologist*, agosto de 2005.
> "The Economic Way of Looking at Life", de Gary Becker. Nobel Lecture, em 9 de dezembro de 1992.

> "Gary Becker, 1930-2014", de Steven Levitt. Freakonomics Blog, em 5 de maio de 2014.

> "The Probability That a Real-Estate Agent Is Cheating You (and Other Riddles of Modern Life)", de Stephen Dubner. *The New York Times*, 3 de agosto de 2003.

> *Cartas a um jovem terapeuta*, de Contardo Calligaris. Editora Campus, 2007.

CONCLUSÃO

> "The role of families in human flourishing: A conversation with James Heckman", por Katharine Stevens. Evento do American Enterprise Institute em 25 de fevereiro de 2021.

> "James Heckman on Intergenerational Issues", palestra publicada no canal do Institute for New Economic Thinking em 22 de outubro de 2017.

> "The Scandinavian Fantasy: The Sources of Intergenerational Mobility in Denmark and the U.S.", de James Heckman e Rasmus Landersø. Scandinavian Journal of Economics, janeiro de 2017.

> "Lessons from Denmark about Inequality and Social Mobility", de James Heckman e Rasmus Landersø. *Labour Economics*, 8 de maio de 2021.

1ª edição	MAIO DE 2022
impressão	CROMOSETE
papel de miolo	POLEN SOFT 80G/M²
papel de capa	CARTÃO SUPREMO ALTA ALVURA 250G/M²
tipografia	EXPO SERIF PRO